LOUIS XIV ET L'APOGÉE DE L'ABSOLUTISME

Entre rayonnement européen et misère du peuple français

Par Thomas Melchers

50MINUTES.fr

DEVENEZ INCOLLABLE
EN HISTOIRE !

LOUIS XIV ET L'APOGÉE DE L'ABSOLUTISME

ENTRE RAYONNEMENT EUROPÉEN ET MISÈRE DU PEUPLE FRANÇAIS

- **Naissance ?** Le 5 septembre 1638 à Saint-Germain-en-Laye
- **Mort ?** Le 1er septembre 1715 à Versailles
- **Couronnement ?** Le 14 mai 1643 en la cathédrale de Reims
- **Apports principaux ?**
    - Développement au paroxysme de l'absolutisme de droit divin
    - Centralisation des pouvoirs
    - Révocation de l'édit de Nantes
    - Consolidation des frontières de la nation au moyen de plusieurs guerres
    - Création de Versailles

Louis XIV est, avec François Ier (1494-1547) et Henri IV (1553-1610), l'un des rois de France les plus célèbres des Temps modernes. Son règne est le plus long de l'Histoire de France et les effets qui en découlent auront des répercussions à travers toute l'Europe et même au-delà du Vieux Continent.

Lorsque son père, Louis XIII (1601-1643), décède, le jeune Louis n'est alors âgé que de 4 ans ; la régence est assurée par le cardinal Mazarin (1602-1661). Son enfance se passe sur fond d'une guerre civile qui défie le pouvoir central. Cet événement, la Fronde (1648-1653), marque durablement le jeune roi, et ses conséquences n'auront de cesse d'accroître l'absolutisme de droit divin qui atteint alors son apogée.

À partir de 1661, Louis XIV gouverne personnellement et prend seul l'ensemble des décisions, s'entourant seulement de quelques collaborateurs tels que Colbert (1619-1683) ou Louvois (1639-1691). L'autorité monarchique est renforcée à tous les niveaux de la société : le clergé est étroitement surveillé, la noblesse est « domestiquée » à la cour, les provinces et les parlements doivent obéir. Il rétablit l'unité religieuse du Royaume avec la révocation de l'édit de Nantes (1685). Son règne est marqué par d'incessantes guerres contre les autres nations européennes, très souvent alliées entre elles contre la France. Si ces guerres permettent de consolider les frontières, d'asseoir la puissance et le prestige de la nation, elles conduiront cependant celle-ci au bord de la banqueroute à la fin de la vie du Roi-Soleil.

Louis XIV contribue également au rayonnement des arts et de la culture française par le mécénat en soutenant financièrement des artistes tels que Molière (1622-1673), Racine (1639-1699), Lully (1632-1687) et bien d'autres. Louis XIV est aussi un roi bâtisseur dont la principale réalisation est le château de Versailles qui sert à la fois d'outil de propagande extérieure et d'instrument de contrôle intérieur.

La fin de son règne est marquée par de nombreuses guerres, qui affaiblissent les finances du royaume, et d'une crise dynastique. Entre 1711 et 1714, des maladies, des épidémies et des accidents déciment ses descendants à l'exception de son petit-fils Philippe (1683-1746), héritier de la couronne d'Espagne sous le nom de Philippe V et qui devra renoncer au trône de France, ainsi que de son arrière-petit-fils, Louis (1710-1774), futur roi de France sous le nom de Louis XV. En 1715, Louis XIV est de plus en plus affaibli par la longueur de son règne ; une gangrène contractée à la jambe gauche sera à l'origine de sa mort, le 1er septembre.

BIOGRAPHIE

LA JEUNESSE TUMULTUEUSE DE L'ENFANT-ROI

Né le 5 septembre 1638 sous le nom de Louis-Dieudonné, le futur Louis XIV est le fruit d'une union entre deux des plus importantes dynasties européennes : celle des Bourbon par son père Louis XIII, qui règne sur la France et la Navarre, et celle des Habsbourg d'Espagne par sa mère Anne d'Autriche (1601-1666). Après les nombreuses fausses couches de sa mère, sa naissance est un véritable miracle pour le royaume qui attend un héritier depuis 23 ans. Ce don du ciel lui vaut son deuxième prénom : Dieudonné. Le couple royal aura également un second fils, Philippe (1640-1701), d'abord duc d'Anjou puis duc d'Orléans, aussi appelé « Monsieur ». Le cardinal Jules Mazarin, devenu le ministre principal de Louis XIII à la suite du décès du cardinal Richelieu (1585-1642), est choisi pour être le parrain du jeune Louis.

La régence d'Anne d'Autriche et de Mazarin
et l'éducation du roi

Anne d'Autriche vers 1647.

Peu avant sa mort, Louis XIII organise la régence de son fils
qui semble inéluctable. Deux choix s'offrent à lui : la reine
Anne d'Autriche ou son frère, Gaston d'Orléans, dont il a

pardonné les intrigues fomentées à l'encontre du cardinal Richelieu.

Peu satisfait par l'une de ces perspectives, il établit un Conseil de régence auquel participeront la reine, le frère du roi et de nombreux grands personnages du royaume tels qu'Henri II de Bourbon, prince de Condé (1588-1646), et Mazarin.

Cependant, après sa mort, la reine fait casser la décision de Louis XIII en venant personnellement au parlement et se fait nommer régente du royaume. Elle confirme ensuite Mazarin en tant que principal ministre bien que cet Italien, fidèle à Richelieu, soit impopulaire au sein de la société française.

Anne d'Autriche assure la régence jusqu'au 7 septembre 1651, date à laquelle est proclamée la majorité du roi, qui vient d'avoir 13 ans.

Louis XIV à 10 ans, en 1648.

L'éducation du jeune Louis est similaire à celle des jeunes princes de son temps. Elle débute donc dès son plus jeune âge aux côtés de gouvernantes avant d'être confiée à Mazarin. Il s'agit d'un enjeu crucial dans les jeux de pouvoir et oppositions qui ont lieu durant la régence ; le parti qui s'occupe du roi détient par la même occasion le pouvoir.

Pour ces raisons, Mazarin choisit minutieusement un gouverneur et des précepteurs qui initieront le roi aux mathématiques, au latin, au droit et à l'histoire. Lors de ses leçons, il fait preuve d'intelligence et d'une excellente mémoire. Il apprend également le maniement des armes, l'équitation, la musique et la danse qu'il pratique avec talent.

C'est au côté de sa mère, Anne d'Autriche, qu'il forge son éducation religieuse et son respect envers la religion catholique. Pour ce qui est de son éducation politique, elle lui est enseignée par Mazarin qui lui donne des leçons et l'initie au fonctionnement du Conseil qu'il préside chaque matin. Le cardinal lui inculque également la stratégie militaire en l'intégrant aux réunions. Enfin, il le sensibilisera aux arts grâce à ses nombreuses collections personnelles. Mais l'éducation et la jeunesse de Louis XIV sont perturbées par des événements politiques qui le jetteront sur les routes de France avec sa mère.

La Fronde, une guerre civile qui marquera Louis XIV

La Fronde, ce mouvement insurrectionnel qui se transforme ensuite en guerre civile, survient au moment où l'autorité royale est affaiblie. Son origine est une combinaison de facteurs marqués par une situation financière désastreuse, un impôt toujours plus conséquent pour financer les armées, une guerre permanente depuis 1635 et une opportunité pour les grands du royaume, évincés par l'autorité de Richelieu, de manifester leur esprit de revanche. Ce climat de tensions est également influencé par les événements qui se produisent simultanément en Angleterre et qui verront Oliver Cromwell prendre le pouvoir.

La Fronde s'ouvre avec la Fronde parlementaire qui est un mouvement d'opposition des parlements à l'autorité royale. Malgré des lits de justice (séances du parlement en présence du souverain, qui lui permettent d'imposer sa volonté aux magistrats), la reine mère ne parvient pas à faire enregistrer des lois dont les mesures portent sur de nouvelles fiscalités ; pire encore, elle est contrainte de signer une charte de 27 articles permettant le contrôle de la monarchie en juillet 1648. Un mois plus tard, fort d'un succès militaire, Mazarin fait arrêter trois parlementaires connus pour leur opposition et aimés de la population.

La réaction des Parisiens est immédiate et la ville, soutenue par Conti (frère du Grand Condé, 1629-1666) et Longueville (beau-frère du Grand Condé, 1595-1663), se couvre de barricades. Mazarin est contraint de les libérer, ce qui augmente l'aura du parlement face à la monarchie. Le cardinal est contraint de fuir à Saint-Germain-en-Laye avec Anne d'Autriche et le jeune roi pendant l'hiver 1649. Les troupes du Grand Condé (1621-1686) assiègent alors la capitale qui se rend en mars ; la paix est signée avec le parlement de Paris. Le roi rentre dans sa capitale mais Condé, fort de ses succès, exige le poste de Mazarin, envers qui le mécontentement persiste. Il est emprisonné avec Conti et Longueville.

Pendant ce temps, leur sœur et épouse, la duchesse de Longueville, s'efforce de trouver le moyen de soulever les provinces et de gagner des alliés, tel le maréchal Turenne (maréchal de France, 1611-1675). C'est la Fronde des princes (1650) qui commence, rapidement suivie par l'Union des Frondes : à l'issue d'une victoire de l'armée royale contre les forces des Condé, le parlement de Paris reprend ses hostilités, noue des alliances avec les Condé, l'évêque Jean-François Paul de Gondi (1613-1679) et la fille de Gaston d'Orléans, plus connue sous le nom de la Grande Mademoiselle (1627-1693).

Face à cette association, Mazarin décide de libérer les trois détenus et de s'exiler en espérant que son absence cause préjudice à l'entente des Frondeurs. Des dissensions apparaissent, en effet, et certains se soumettent, dont Turenne, alors que Condé quitte Paris pour Bordeaux, d'où il entre en contact avec l'Espagne. À l'annonce de cette nouvelle alliance, Mazarin rentre en France.

Ce dernier épisode, celui de la Fronde condéenne, est le plus désastreux pour la France. Condé s'empare de Paris, mais est bientôt défait par Turenne, qui dirige l'armée royale, lors de la bataille du faubourg Saint-Antoine (1652). Il se réfugie alors dans la capitale avant de s'enfuir dans les Pays-Bas espagnols. Pour faciliter la capitulation de Paris, Mazarin s'exile une nouvelle fois et le roi y entre le 21 octobre 1652 ; Mazarin ne revient pas avant février 1653. Les provinces sont ensuite soumises dans les mois qui suivent.

La Fronde constitue une terrible épreuve que Louis XIV affronte alors qu'il est encore enfant. Lorsque les premières contestations éclatent, le roi n'a pas encore 10 ans ; il n'en a que 14 lorsque la Fronde s'achève. Même s'il n'est pas en âge de gouverner, il est suffisamment mature pour comprendre que le pouvoir de la monarchie vacille entre 1648 et 1653. Il est remis en question d'abord par les parlements, ensuite par ses sujets, puis par des membres de sa famille, de sa Cour, et même par certains de ses conseillers. Certains événements le marqueront durablement et lui laisseront des souvenirs amers et impérissables, principalement :

- la résistance des parlements face à l'autorité royale lors de l'enregistrement de certaines lois ;
- la contestation et l'érection de barricades dans la capitale en réaction aux décisions royales ;
- sa fuite de Paris en pleine nuit d'hiver avec des membres de sa famille, pour se mettre à l'abri au château de Saint-Germain-en-Laye, où rien n'est prêt pour le recevoir ;
- l'arrestation de ses cousins qui complotent et guerroient contre la monarchie ;
- les critiques et pamphlets à l'encontre de Mazarin ;
- le siège des villes de son royaume ;
- son errance à travers les campagnes au côté des armées qui lui restent fidèles.

Du sacre à la mort de Mazarin

En 1653, la Fronde est terminée, mais la France ne connaît pas encore la paix ; elle guerroie toujours contre l'Espagne. En effet, bien que le traité de Westphalie (1648) ait mis un terme à un grand nombre de conflits européens, la guerre entre ces deux nations persiste toujours.

À la suite d'une victoire de Turenne à Rethel en 1653, la sécurité s'améliore et Reims devient plus sûre. Quelques mois plus tard, le 7 juin 1654, Louis XIV est enfin sacré roi en la cathédrale de Reims. Il a alors 15 ans.

La guerre contre l'Espagne passe à l'avantage de la France. Louis XIV en profite pour observer les campagnes menées en Flandres et perfectionner ses connaissances militaires. Mais lors de la prise de Bergues en 1658, il est victime d'une grave intoxication alimentaire et de fièvre typhoïde. Son état est si alarmant que les derniers sacrements lui sont donnés et que l'on s'affaire à préparer sa succession. Son salut est dû à un remède miraculeux prodigué par le médecin d'Anne d'Autriche.

succéder. Il lui faudra plusieurs saignées et une potion de calomel (minéral utilisé comme médicament dans l'Ancien Régime) pour le remettre sur pied.

Les négociations de paix entre l'Espagne et la France débouchent sur le traité des Pyrénées (1659). L'une des clauses de celui-ci prévoit l'union de Louis XIV avec l'infante d'Espagne, Marie-Thérèse (1638-1683), ainsi que le versement d'une dot faramineuse. Ce mariage a pour objectif de rapprocher la France et l'Espagne qui sortent de 20 années de guerre. Leur union est célébrée le 9 juin 1660 en l'église Saint-Jean-Baptiste, à Saint-Jean-de-Luz (Pyrénées-Atlantiques) – une ville située à égale distance entre Paris et Madrid.

Mariage de Louis XIV avec Marie-Thérèse d'Autriche.

Louis XIV est réputé pour être un bel homme qui aime les femmes. Tout au long de sa vie, il multipliera les conquêtes. Avant son mariage, il connaît déjà un amour impossible avec la nièce de Mazarin, Marie Mancini (1639-1715). Même si la religion condamne fermement l'adultère, le roi, par son statut, échappe aux contraintes qui affectent les autres hommes. On lui compte plusieurs maîtresses et de nombreux enfants illégitimes. Les plus connues sont Louise de La Vallière (1644-1710), qu'il fera notamment duchesse, et la marquise de Montespan (1641-1707), l'une des plus belles femmes du royaume, qui occupe un rôle de premier ordre au sein de la Cour. Cette dernière tombée en disgrâce, le roi s'attache ensuite à Madame de Maintenon (1635-1719), une femme dont la condition inférieure suscitera de nombreuses critiques de la Cour. Ils se marieront secrètement peu après la mort de la reine. Madame de Maintenon n'aura jamais le statut de reine, mais elle sera la compagne du roi pendant près de 32 ans.

UN RÈGNE ABSOLU ET CENTRALISÉ

Un travailleur acharné

Au lendemain du décès de Mazarin, le 10 mars 1661, Louis XIV supprime la fonction de ministre principal instaurée depuis le cardinal Richelieu. Désormais, le roi gouvernera en personne et aucun ordre ne pourra être envoyé par l'un de ses conseillers sans son consentement. En tant que monarque absolu, l'ultime décision concernant les affaires du royaume lui appartient.

Chaque matin, après la cérémonie du lever et de la messe, le roi tient conseil avec ses ministres. Chaque jour de la semaine est consacré à des affaires bien particulières. Louis XIV considère son métier de roi avec sérieux et passion ; le travail qu'il accomplit n'en est que plus méticuleux. Sa curiosité et son pragmatisme l'obligent à se tenir informé des différents dossiers en cours, notamment en se plongeant dans de longs rapports et comptes-rendus détaillés traitant de l'ensemble des affaires de l'État.

Le roi est également avisé par ses plus proches conseillers des éléments requérant particulièrement son attention lors de la tenue des conseils ou lors d'entretiens individuels. Il sollicite aussi l'avis de son entourage ou de toute autre personne qu'il juge apte à enrichir sa réflexion. Louis XIV n'est pas le premier roi de France à travailler de cette manière, mais la consultation de personnes de confiance devient l'une de ses méthodes de prédilection.

De la chute de Fouquet à la stricte obéissance de ses collaborateurs

Le surintendant général des Finances Nicolas Fouquet.

Même si le roi gouverne et décide seul, il est entouré de nombreux collaborateurs qu'il choisit avec soin. Au lendemain de la mort de Mazarin, il maintient au Conseil d'en haut, le plus important des conseils, Nicolas Fouquet (surintendant général des Finances, 1615-1680), Michel Le Tellier (secrétaire d'État de la Guerre, 1603-1685) et Hugues de Lionne (secrétaire d'État aux Affaires étrangères, 1611-1671). Quelques mois plus tard, la confiance en Fouquet est ébranlée par des soupçons de corruption. Jean-Baptiste Colbert, alors intendant des Finances, révèle d'importantes malversations, après de minutieuses études des comptes de l'État. Une trop somptueuse fête donnée en l'honneur du roi par Fouquet en son château est l'élément de trop pour l'orgueil du roi. Il est arrêté le 5 septembre 1661. Après trois années de procès, la sentence le condamne à un bannissement perpétuel et à la confiscation de ses biens. Cependant, Louis XIV, qui souhaite en faire un exemple, décide finalement de le faire enfermer jusqu'à sa mort dans la forteresse de Pignerol.

Nicolas Fouquet

Ayant acquis une fortune considérable à la suite de deux mariages, Nicolas Fouquet intègre les affaires du roi grâce à Mazarin, qui le nomme surintendant des Finances en 1653. Il partagera tout d'abord cette charge avec Abel Servien (homme d'État français, 1593-1659), avant d'en devenir le seul détenteur à la mort de ce dernier. Lorsqu'il arrive à cette fonction, la France est au bord de la banqueroute suite aux nombreux conflits auxquels elle a dû et doit encore faire face. Il réussit pourtant à restaurer la confiance et à renflouer les caisses de l'État en y risquant ses propres deniers. En plus de sa charge, il agit également comme financier privé afin de rendre service au roi. En échange, il s'enrichit sur le dos de l'État, ce qui lui permet d'embellir Vaux-le-Vicomte en s'entourant des plus grands artistes de son temps. Mais ces pratiques malhonnêtes le conduisent à confondre sa propre fortune avec celle du royaume et le mènent finalement à sa perte.

La disgrâce de Fouquet permet à Colbert de le remplacer comme ministre d'État. Il occupera la toute nouvelle fonction de contrôleur général des Finances dès 1665. De son côté, le marquis de Louvois, fils de Michel Le Tellier, associé à son père dans sa charge de secrétaire d'État à la guerre depuis 1662, devient ministre d'État et entre au Conseil d'en haut en 1672. Colbert et Louvois seront les deux hommes forts du début du règne du Roi-Soleil. Celui-ci est peu enclin au changement de serviteurs et favorise quelques dynasties comme les Le Tellier et les Colbert par peur de voir les secrets du royaume lui échapper. En échange de la confiance qu'il leur accorde, ces derniers lui doivent entière obéissance.

La réduction à l'obéissance et le renforcement de l'absolutisme

La Fronde a laissé des souvenirs effroyables et indélébiles au jeune Louis XIV. Les nombreux enseignements qu'il a tirés de cette autorité royale bafouée le conduisent, pendant les premières années de son règne personnel, à réformer son royaume alors en paix pour qu'une telle situation ne puisse se reproduire. Afin d'éviter tout complot ou rébellion conduit par l'aristocratie française à l'encontre du pouvoir royal, il organise la surveillance de ce corps de l'État. Les aristocrates sont désormais contraints de graviter autour du roi, trouvant un certain prestige dans le cérémonial de Cour.

En réponse à la Fronde parlementaire (1648-1649), Louis XIV impose ensuite son autorité aux parlements en diminuant leur pouvoir. Dès 1661, il soumet les parlements au Conseil du roi et, quelques années plus tard, les empêche d'entraver l'enregistrement d'une loi : il ne leur permet de formuler de remontrance que postérieurement à cet enregistrement et dans un délai déterminé. Dans la foulée, il réduit également le pouvoir des états provinciaux, dont le rôle principal est de dialoguer avec l'État, notamment au niveau de l'impôt.

Enfin, l'autorité royale est renforcée par des changements au sein de l'administration royale. Elle s'appuie sur des intendants qui remplissent les fonctions d'administrateurs et d'enquêteurs dans la province où ils sont affectés. Leur pouvoir est conséquent ; ils peuvent intervenir dans tous les domaines au nom de l'État : justice, police, fiscalité, surveillance des autorités locales.

Ces différentes mesures ont permis de renforcer l'absolutisme royal et de restreindre toute forme d'opposition, de conspiration et de rébellion des grands du royaume et de certaines institutions, à l'instar de ce qui était survenu durant la jeunesse du roi.

L'ABSOLUTISME DE DROIT DIVIN

Le roi de France est choisi par Dieu et lui doit obéissance. Il n'a de compte à rendre à personne hormis à

Dieu. Cette origine divine de la puissance royale diffère des autres monarchies de l'époque. Le souverain de France a davantage de pouvoir que ses homologues européens : il concentre en ses mains les pouvoirs exécutif, législatif et judiciaire. Même s'il est conseillé, le roi reste maître absolu de l'ultime décision. C'est lui qui nomme ses représentants chargés d'exécuter les ordres et propose au pape les évêques qu'il désire nommer. Il est aussi le chef des armées et de la flotte. En matière de justice, il peut condamner et emprisonner quelqu'un en rédigeant simplement une lettre de cachet, sans devoir se justifier.

Comme le dit le proverbe latin *lex rex*, le roi est la loi. Il peut ainsi établir, réformer ou révoquer une loi ; sa seule volonté fait office de loi, tandis qu'il n'est lui-même pas tenu de respecter la loi.

DE L'AGRANDISSEMENT DU ROYAUME À LA RÉVOCATION DE L'ÉDIT DE NANTES

Les premiers succès militaires

Louis XIV est conscient de la place prépondérante que la France occupe sur la carte de l'Europe au début des années 1660. D'ailleurs, il ne craint pas de lancer sa nation dans un conflit : « S'agrandir est la plus digne et la plus agréable des occupations des souverains. » Pour mener à bien ce dessein, il peut compter sur Le Tellier et Louvois, qui ont modernisé et réorganisé une armée permanente de plus en plus important, ainsi que sur deux des hommes de guerre les plus réputés de l'époque, Turenne et le Grand Condé. Colbert et ses successeurs créeront une marine de guerre digne du royaume, tandis que le génie de Vauban (1633-1707) assurera à partir de 1672 la prise des villes assiégées et ensuite leur fortification.

Depuis 1661, la France renforce ses liens avec certaines nations européennes et résout quelques tensions diplomatiques. Cette accalmie s'interrompt en 1667. La France mène alors une politique belliqueuse jusqu'en 1684 ; les années de paix se font rares. La guerre de Dévolution (1667-1668) menée contre l'Espagne est ainsi le premier conflit européen de Louis XIV. Les armées de Turenne triomphent facilement dans les Pays-Bas espagnols. Le traité d'Aix-la-Chapelle (2 mai 1668) confirme la mainmise sur 12 villes renforçant la frontière nord.

Siège de la ville de Tournai durant la guerre de Dévolution, en 1667.

Le deuxième conflit a lieu quelques années plus tard avec les Provinces-Unies lors de la guerre de Hollande entre 1672-1679. Les armées françaises connaissent au début plusieurs succès militaires mais, alors qu'elles avancent vers Amsterdam, elles sont repoussées par Guillaume d'Orange (stadhouder des Provinces-Unies, 1650-1702), allié à l'empereur du Saint-Empire et au roi d'Espagne. Le conflit s'enlise malgré plusieurs victoires françaises dans les Pays-Bas espagnols. Son coût de plus en plus élevé contraint Louis XIV à signer la paix avec les différents belligérants lors des traités de Nimègue (1678-1679). À l'issue de cette guerre, la France a résisté à une coalition européenne et a consolidé sa frontière au nord et à l'est.

À partir de 1680, la France est persuadée qu'elle ne rencontrera plus d'opposition sur le continent et elle se lance dans une politique des réunions. Louis XIV annexe ainsi des territoires qui ont jadis appartenu à la France. Seule l'Espagne tente de réagir face à ces prises de territoires en période de paix, mais ses armées ne peuvent rivaliser. L'Espagne est contrainte de reconnaître les annexions françaises lors du traité de Ratisbonne (1684).

La révocation de l'édit de Nantes

L'ÉDIT DE NANTES

Signé le 30 avril 1598 par Henri IV, cet édit de tolérance met fin aux guerres de religion de la seconde moitié du XVIe siècle et reconnaît le culte protestant. La liberté de conscience est accordée aux huguenots, mais la liberté de culte est, elle, limitée à deux villes ainsi qu'à quelques autres lieux bien déterminés ; Paris en est par exemple exclue. Les temples protestants devront être discrets et implantés dans des maisons de maître. L'accès à toutes sortes d'emplois est garanti aux huguenots et 151 places fortes leur sont octroyées.

L'édit de Nantes est très mal reçu par les huguenots qui le considèrent comme trop restrictif, tandis que les catholiques sont quant à eux indignés par tant d'octrois. Le parlement de Paris s'opposera longtemps à son enregistrement.

Jusqu'en 1679, Louis XIV a observé à la lettre l'édit de Nantes, sans permettre aux huguenots d'entreprendre ce qui n'y est pas précisé. À partir de cette date, influencé par Le Tellier, Louvois et Madame de Maintenon, ainsi que par des considérations politiques antiprotestantes, le roi vide peu à peu l'édit de tolérance de son contenu. Cette situation s'accompagne également de persécutions, les dragonnades, envers les protestants. D'innombrables abus et crimes sont commis par les militaires, et de nombreuses conversions sont obtenues par la force.

Cette évolution de la question réformée conduit le roi à signer le 18 octobre 1685 l'édit de Fontainebleau, qui révoque l'édit de Nantes. Il précise que les pasteurs doivent quitter la France dans la quinzaine, que l'émigration des huguenots est interdite tout comme l'exercice du culte, tandis que la liberté de conscience reste autorisée. Bien que menacés par la sentence des galères, entre 200 000 et 250 000 huguenots fuient vers les nations protestantes voisines. Cet exode aura de nombreuses conséquences sur l'économie française.

LES DIFFICULTÉS DE LA SECONDE PARTIE DU RÈGNE

Les années 1682-1686 sont régulièrement considérées comme le tournant du règne personnel de Louis XIV. Cette seconde partie, qui est aussi la plus longue, s'ouvre sur de nombreux événements : l'installation définitive de la Cour à Versailles en 1682, la trêve de Ratisbonne, la révocation de l'édit de Nantes, et la formation d'une coalition internationale contre la France, la ligue d'Augsbourg (1686). Cette étape charnière connaît également son lot de disparitions : la reine Marie-Thérèse et Colbert en 1683, Condé en 1686.

Vers la fin de l'hégémonie française en Europe

Suite aux nombreuses provocations de Louis XIV, l'empereur forme, avec plusieurs États du Saint-Empire, une coalition pour faire respecter les clauses des traités de Nimègue et de Ratisbonne. La ligue d'Augsbourg est rejointe par l'Espagne, la Suède et, quelques années plus tard, par les Provinces-Unies et l'Angleterre, toutes deux dirigées par Guillaume d'Orange, devenu également roi d'Angleterre par sa femme à la suite de la Glorieuse Révolution (1688-1689). Après une nouvelle démonstration de force des armées de Louis XIV sur le territoire du Palatinat, une guerre de neuf années éclate à travers toute l'Europe : la guerre de la Ligue d'Augsbourg (1688-1697).

La France mène des combats sur plusieurs fronts : d'abord vers l'Angleterre où elle essaie de restaurer le roi déposé par la révolution ; elle en entame d'autres dans les Pays-Bas espagnols contre les Provinces-Unies, puis en Italie et en Espagne ; des combats sont également déclenchés dans le Nouveau Monde contre les colonies anglaises. Dès 1692, des négociations de paix sont engagées secrètement entre les belligérants acculés par les coûts de la guerre, mais la paix ne reviendra qu'avec la signature du traité de Ryswick de 1697. Celui-ci marque un véritable recul dans les ambitions de Louis XIV, alors que ses armées n'ont pas été défaites. Le Roi-Soleil, ayant pris goût à la modération, cède tous les territoires saisis par voie de réunion, à l'exception de Strasbourg, et la France abandonne toutes les prises pour revenir à ses frontières du traité de Nimègue. La suprématie française a perdu de sa superbe et un équilibre semble s'être installé entre les nations européennes.

Dès la fin de ce conflit, l'attention de toute l'Europe se tourne vers l'Espagne et la santé de son monarque Charles II (1661-1700). Sans héritier et souffrant d'une santé de plus en plus alarmante, le décès imminent du roi d'Espagne risque de plonger l'Europe dans une nouvelle guerre. Ses prétendants sont l'Autriche des Habsbourg et la France des Bourbon. Le testament de Charles II (2 octobre 1700) imposé quelques semaines avant sa mort concède l'entièreté de l'héritage espagnol au duc d'Anjou (1683-1746) s'il renonce à la couronne française ; en cas de refus, la couronne d'Es-pagne ira à Charles d'Autriche (1685-1740). Philippe d'Anjou devient ainsi Philippe V d'Espagne, et la France hérite par la même occasion d'un fidèle allié reconnu par l'Angleterre et les Provinces-Unies ; mais ces deux dernières restent tout de même méfiantes.

Malgré ces arrangements diplomatiques, la guerre est déclarée en mars 1702. Les armées franco-espagnoles connaissent de nombreux revers face à la Grande Alliance de La Haye, qui rassemble l'Angleterre, les Provinces-Unies, le Portugal et le Saint-Empire, mais aucune avancée n'est décisive. Il faut attendre la mort de l'empereur Joseph Ier (1678-1711) pour que la situation évolue. Charles est alors couronné empereur sous le nom de Charles VI ; s'il obtenait en plus le trône d'Espagne, cela le placerait à la tête d'un des plus grands empires que le monde ait connu, ce qui n'a évidemment pas lieu de plaire aux autres nations européennes. Il accepte donc de revoir ses prétentions et de négocier lors du traité de Rastatt (1714) : Philippe V reste à la tête de l'Espagne, mais son royaume est amputé de plusieurs territoires ; il doit également renoncer à ses prétentions à la couronne française. La France est quant à elle ramenée à ses frontières de 1697, en se voyant confirmer les acquisitions territoriales issues des guerres précédentes, et cède de nombreux territoires sur le continent américain à l'Angleterre. Louis XIV s'en sort ainsi de manière honorable, même si la victoire de la Grande Alliance est incontestable.

La guerre de succession d'Espagne a permis de créer un équilibre entre les nations européennes. Ni l'Autriche, ni l'Angleterre, ni la France ne peuvent prétendre avoir l'hégémonie sur le continent en 1714.

Une succession compromise

Jusqu'en 1711, Louis XIV peut se targuer de l'étendue de sa famille royale, contrairement aux Habsbourg d'Espagne qui connaissent une crise dynastique. La longévité du roi lui permet de connaître son importante lignée jusqu'à son arrière-petit-fils. Sa descendance comprend son fils, le Grand Dauphin et ses petits-enfants, les ducs de Bourgogne, d'Anjou et de Berry. Cependant, entre 1711 et 1714, le monarque voit disparaître toute sa descendance à l'exception de son arrière-petit-fils Louis (1710-1774), âgé seulement de 5 ans. Face à cette situation exceptionnelle, il accorde un droit de succession à deux bâtards qu'il a eu avec Mme de Montespan. Malgré le scandale que cet édit soulève, Louis XIV est prêt à tout pour écarter son neveu Philippe d'Orléans (1674-1723) du trône et de la régence. Cette décision sera cependant invalidée par le parlement de Paris.

La mort du Roi-Soleil

À son retour du château de Marly le 9 août 1715, le roi se sent fort affaibli. Le lendemain, ses médecins diagnostiquent une sciatique. Il faut attendre le 24 août pour que les médecins s'aperçoivent que le roi souffre d'une gangrène sénile à la jambe gauche ; une maladie qu'ils ne peuvent soigner. Louis XIV décide alors de mettre en scène sa mort. Il reçoit tout d'abord les derniers sacrements, après quoi il fait défiler l'ensemble de la Cour devant son lit. La dernière étape est un entretien politique avec son héritier, son arrière-petit-fils âgé de 5 ans. Le Roi-Soleil meurt le 1er septembre 1715 à l'âge de 76 ans. Son cercueil est placé dans le caveau des Bourbons de la Basilique Saint-Denis, nécropole des rois de France. Louis XV succède à son arrière-grand-père et la régence est assurée par Philippe d'Orléans, qui s'est allié aux parlementaires pour faire casser le testament de Louis XIV.

CONTEXTE POLITIQUE, SOCIAL ET ÉCONOMIQUE

LA SITUATION POLITIQUE FRANÇAISE

Des guerres de religion à l'édit de Nantes

Durant la première moitié du XVIe siècle, de nombreux humanistes français, parmi lesquels figure la sœur du roi de France Henri Ier (1494-1547), préconisent une réforme de l'Église chrétienne tout en restant fidèle à Rome. Au même moment, d'autres souhaitent aller plus loin et rejoignent les courants réformés tels que le luthéranisme. L'unité religieuse du royaume de France est désormais remise en cause par la rupture au sein de l'Église chrétienne. Le pouvoir royal est contraint de réprimer de plus en plus sévèrement les concepts calvinistes qui se propagent depuis Genève. Cette répression n'empêche pas l'éclosion d'Églises réformées, la tenue du premier synode protestant (assemblée qui décide des questions essentielles liées au mouvement) à Paris en 1559 et les conversions toujours plus nombreuses au sein de la bourgeoisie et de la noblesse française.

La mort accidentelle du roi Henri II (1519-1559) et l'affaiblissement du pouvoir royal qui s'ensuit offrent aux calvinistes de belles perspectives. Ce sont les trois fils aînés d'Henri II qui vont lui succéder : François II (1544-1560), Charles IX (1550-1574) puis Henri III (1551-1589). Leur mère, Catherine de Médicis (1519-1589), régente du royaume après le décès de son fils aîné, tentera en vain une politique de rapprochement en 1561. La France plonge au contraire dans de nombreuses guerres civiles, qualifiées de guerres de religion. On en comptera huit de 1562 à 1598.

Deux partis s'opposent durant cette période : la Ligue catholique, dirigée par les ducs de Guise, et le parti huguenot mené par les Bourbon. Ces guerres sont entrecoupées de périodes de paix plus ou moins longues, de concessions faites aux huguenots lors des traités, et de politiques de réconciliation. En atteste, en 1572, le mariage d'Henri de Bourbon (1553-1610), roi de Navarre, futur roi de France et de Navarre sous le nom d'Henri IV, avec Marguerite de Valois (1553-1615), sœur du roi de France.

Cependant, le massacre de la Saint-Barthélemy (24 août 1572) fomenté par le duc de Guise et la famille royale, durant lequel périssent quelque 3 000 huguenots, réenclenche les hostilités pendant plusieurs années. Une accalmie s'installe entre 1580 et 1584. Elle sera de courte durée. Les hostilités reprennent à la suite du décès de l'héritier du trône de France, François d'Anjou (1555-1584), le frère d'Henri III. En effet, faute de descendance, son successeur n'est à présent autre que le roi de Navarre ; or la majorité de la société française craint que le protestantisme devienne religion d'État. Dès ce moment, la Ligue catholique est financée par l'Espagne pour guerroyer contre les troupes de Navarre, tandis qu'Henri III retire tous les privilèges qui ont été octroyés aux huguenots. C'est Henri de Bourbon qui sort vainqueur de cette opposition, suite aux dissensions apparues entre le roi et la Ligue, dissensions qui mènent à son assassinat par un moine en 1589.

Henri IV est désormais roi de France et de Navarre, et se

retrouve à la tête d'un pays plus que divisé. Sa première tâche consiste à conquérir son royaume par la force à la tête d'une armée protestante et affirmer son pouvoir sur la France. Ce n'est qu'au lendemain de son abjuration du protestantisme, en 1593, que la situation se délie et que de nombreuses provinces se rallient à lui. Il est sacré roi de France le 27 février 1594. Quatre ans plus tard, en 1598, un traité de paix met fin à la guerre contre l'Espagne alors que, quelques jours plus tôt, Henri IV signe l'édit de Nantes permettant la cohabitation entre ses sujets de confession catholique et réformée.

La restauration du pouvoir central et le développement de l'absolutisme

Il aura fallu environ dix ans pour qu'Henri IV conquière l'entièreté de son royaume, mette fin à la guerre contre l'Espagne et instaure la paix auprès de ses sujets au moyen de l'édit de Nantes. Sa tâche consiste à présent à restaurer l'autorité monarchique dans son royaume. Celle-ci avait été fortement affaiblie durant les guerres de religion, les derniers rois de la dynastie des Valois exerçant un rôle mineur face à l'influence des ducs de Guise.

Ce recouvrement du pouvoir monarchique s'inscrit dans la lignée de ce que François Ier et Henri II avaient mis en place. La noblesse est contrainte à l'obéissance, tout comme les gouverneurs des provinces. Ces derniers sont eux-mêmes surveillés par des commissaires chargés par le roi, pour une durée déterminée, de s'assurer de la bonne gestion de la province. Ils peuvent également intervenir directement dans des affaires de police et de justice. Les parlements sont désormais contraints d'enregistrer les ordonnances et autres décrets avant de pouvoir y formuler une remontrance.

La situation se dégrade après l'assassinat d'Henri IV en 1610. Sa femme, Marie de Médicis (1575-1642) est nommée régente du royaume. Elle développe une politique catholique et pro-espagnole tout en accordant un grand crédit à l'influence de son beau-frère, Concino Concini (1575-1617), à qui elle donne la préférence par rapport aux princes de sang. Ces éléments ne manquent pas d'agiter la France. En 1617, le roi, alors âgé de 16 ans, met un terme aux troubles. Il fait arrêter Concini et se débarrasse de toutes les personnes qui lui étaient fidèles, avant d'envoyer en exil sa mère, contre qui il nourrit une profonde rancœur. Durant les années qui suivent, Louis XIII affronte de nombreux troubles, notamment des intrigues fomentées par sa mère, avec qui il se réconcilie pourtant en 1620. Quelques années plus tard, cette dernière lui conseille de s'entourer des services du cardinal de Richelieu, ce qu'il fera en 1624, malgré certaines réticences.

Devenu chef du Conseil, Richelieu met toutes ses qualités intellectuelles au service de Louis XIII pour asseoir l'autorité royale sur l'ensemble de la France. Son dessein comprend trois grands axes.

- La première étape du plan consiste à en finir avec les rébellions protestantes par la soumission politique et militaire des huguenots accusés de former un État dans l'État avec leurs garnisons et leurs assemblées. Principale ville réformée du pays, place forte huguenote, cité marchande et port stratégique, La Rochelle est assiégée pendant 13 mois avant de capituler en 1628 et de voir s'y rétablir le culte catholique. La paix d'Alès (28 juin 1629), qui vient mettre un point final à ce conflit, réduit les privilèges octroyés aux huguenots lors de l'édit de Nantes.

- Sa seconde volonté consiste à imposer l'autorité du roi en mettant en place une surveillance des parlements, des provinces, des gouverneurs et en s'appuyant de plus en plus sur les intendants. Il contraint également les nobles à l'obéissance, et ce malgré les nombreux complots et tentatives de meurtre qui pèsent sur sa personne. Richelieu n'hésite pas à condamner à mort les plus grands du royaume, à raser de nombreux châteaux forts et à interdire la pratique des duels.
- Parmi ses plus farouches opposants, il faut compter le frère du roi, Gaston d'Orléans, et la reine mère qui s'opposent à sa politique anti-habsbourgeoise. Cette politique constitue en effet le troisième axe du programme de Richelieu : lutter contre la puissance de la maison des Habsbourg en Europe en soutenant d'autres nations européennes au début de la guerre de Trente Ans (1618-1648), avant de s'y impliquer de manière directe à partir de 1635.

La stratégie de Richelieu épuise la population française qui accueille avec soulagement l'annonce de sa mort en décembre 1642. Cependant, Louis XIII lui reste fidèle et nomme, sur ses recommandations, le cardinal Jules Mazarin au poste de ministre principal. Ce diplomate italien est un protégé du défunt cardinal. La politique qu'il mène jusqu'à la mort de Louis XIII s'inscrit dans la lignée de celle de son prédécesseur.

Portrait du cardinal Mazarin par le peintre Pierre Mignard.

À la mort du roi de France, et après avoir récupéré la régence de son fils, Anne d'Autriche confirme Mazarin comme ministre principal du royaume.

Cependant, il ne fait pas l'unanimité, et son goût pour le luxe et les œuvres d'art ne font que renforcer l'inimitié qu'éprouvent envers lui les opposants de Richelieu, qui le perçoivent comme son digne successeur. Un complot visant à l'assassiner est déjoué en 1643.

L'ÉVOLUTION SOCIO-ÉCONOMIQUE DE LA FRANCE

La société française d'Ancien Régime

La France du XVIIe siècle est l'État le plus peuplé d'Europe. On dénombre 20,9 millions d'habitants en 1605. La population ne cessera de croître jusqu'en 1670, où l'on compte 22,5 millions de sujets français ; elle stagnera ensuite entre 1670 et 1700. À la même époque, on compte seulement 5 millions d'Anglais et 1,9 million de Néerlandais. Vers 1700, la population française est surtout cantonnée dans le Nord-Ouest sur les rives de la Manche. Les vallées du Rhône et de la Garonne connaissent elles aussi une densité importante. Enfin, le centre et l'Est du pays restent nettement moins peuplés. Paris compte environ 530 000 âmes ; suivent ensuite Lyon avec un peu moins de 100 000 habitants, puis Marseille, Rouen, Lille et Bordeaux.

L'essentiel de la société française d'Ancien Régime est régie par un certain immobilisme. Pour la majorité des citadins, le lieu d'habitation se situe à quelques encablures du lieu de travail ; parfois même ceux-ci se confondent-ils, notamment dans le cas d'activités de production, commerciales ou de services d'aide à domicile. La vie des campagnards se cantonne quant à elle aux alentours du domaine auquel ils sont rattachés : elle est dictée par les travaux dans les champs et sur les terres. L'endogamie est récurrente en ce milieu. La journée des masses populaires est ainsi accaparée par des tâches qui leur permettent de produire et d'acquérir des biens de première nécessité qu'ils peuvent se procurer près de chez eux. De ce fait, il n'est pas rare de constater que certains citadins et campagnards ne connaissent pas la ville ou le village voisin. Le temps libre, à cette époque-là, n'est connu que des classes aisées qui disposent du loisir et des finances nécessaires pour en profiter.

La société française d'Ancien Régime est une société inégalitaire composée de trois ordres : le clergé, la noblesse et le tiers état.

Le clergé domine cette hiérarchie et a retrouvé toute sa superbe depuis les guerres de religion. Tous les cinq ans, ses membres se réunissent lors d'une assemblée pour discuter de la religion catholique et de leurs intérêts. Ils s'acquittent également des contributions financières accordées au roi en échange de l'exemption fiscale des clercs.

La noblesse se distingue dans la société d'Ancien Régime par son prestige social, son mode de vie et ses nombreux privilèges (fiscal, coutumier, judiciaire ou encore honorifique). Sa puissance et sa richesse se manifestent essentiellement par les revenus fonciers dont elle jouit, et par le métier des armes qui constitue sa principale activité. Pourtant, à côté de la noblesse d'épée s'est également développée la noblesse de robe. Les robins sont des universitaires occupant une ou plusieurs fonctions, appelées offices, au sein du gouvernement. Les offices qu'ils détiennent dans la justice et les finances et qui les anoblissent sont acquis onéreusement. En 1604, Henri IV officialise, par l'édit de la Paulette, la transmission des offices. Les robins peuvent désormais transmettre leur fonction à leur fils en payant une charge annuelle.

Le troisième ordre de la société française, le tiers état, est composé de la très grande majorité de la population française. Il ne s'agit toutefois pas d'un ensemble homogène, puisqu'on y trouve à la fois la bourgeoisie, les classes populaires rurales et urbaines, ainsi que les vagabonds. De grands écarts de fortune peuvent donc apparaître entre différents membres du tiers état, alors même que celui-ci joue un rôle majeur dans l'économie du royaume en supportant une lourde fiscalité.

Le marasme économique français

Les finances de la France sont déplorables au sortir des guerres de religion : la dette publique a considérablement augmenté et l'État ne s'acquitte que partiellement des intérêts qu'il doit.

En 1598, pour redresser la situation financière, Henri IV nomme Maximilien de Béthune comme surintendant des Finances ; il le fera duc de Sully. Ce dernier devient l'un de ses principaux ministres. Grâce à un meilleur contrôle des rentrées et aux diminutions des dépenses liées à la guerre, la situation financière s'améliore. D'importantes recettes sont ensuite obtenues à partir de 1604 avec la Paulette, une charge perçue sur les titulaires d'offices. Grâce à ces différentes mesures, les finances reviennent à l'équilibre, et ce malgré une diminution des impôts !

Au niveau des différents secteurs de l'économie, la monarchie travaille au relèvement de la production agricole et, dans les domaines industriel et commercial, se tourne vers le mercantilisme.

LE MERCANTILISME

Le mercantilisme est un courant économique qui anime l'Europe entre le XVIe et le XVIIe siècle. Il repose sur la possession de métaux précieux tels que l'or et l'argent, qui détermine la puissance d'un État. Ce courant se développe ainsi parallèlement à l'arrivée massive de métaux précieux en provenance du Nouveau Monde.

Son objectif principal est de renforcer la puissance de l'État en développant une politique économique protectionniste, en prônant une balance économique excédentaire en favorisant les exportations et en limitant les importations.

Cette tendance, bien que prometteuse, s'essouffle rapidement. Les crises économiques se font plus fréquentes et touchent soit l'ensemble du pays, soit l'une ou l'autre région seulement. Certaines sont accompagnées de mauvaises récoltes, entraînant une hausse des prix des céréales et, indirectement, une diminution de la consommation dans les autres secteurs. Les guerres sur le territoire sont également un facteur ralentissant l'économie par l'interruption du commerce, les pillages et la destruction des récoltes ; mais elles peuvent également stimuler l'innovation et la production.

L'augmentation des pressions fiscales

Le XVIIe siècle étant une période durant laquelle la France mène de nombreuses guerres, ces entreprises belliqueuses nécessitent énormément d'argent, que le roi obtient au moyen des taxes et des impôts. L'impôt en France tient alors une place importante dans l'économie française. Il représente environ 10 % des revenus du royaume. À titre de comparaison, en Angleterre, celui-ci correspond à peine à 2 ou 3 % des revenus. En dehors des taxes liées aux dépenses militaires, la population est déjà confrontée à de nombreux impôts : ceux de leur seigneurie, la dîme pour l'Église, ainsi que les impôts royaux, directs et indirects. Parmi les impôts indirects, on trouve les aides portant sur le transport et la vente de produits (céréales, animaux, boissons, minerais...), ainsi que la gabelle sur le sel, un impôt essentiel et impopulaire qui pèse sur la consommation de sel, une denrée vitale à l'époque. L'impôt direct correspond à la taille dont sont exemptés le clergé, les nobles et certaines villes.

Les pressions fiscales sur la société française s'accroissent drastiquement lorsque la France intervient directement dans la guerre de Trente Ans à partir de 1635. Les revenus perçus par l'État doivent être multipliés par cinq pour financer l'armée française. Pour trouver les moyens nécessaires, Richelieu s'appuie sur les intendants, dont la mission consiste initialement à exercer le pouvoir judiciaire dans les régions où ils sont envoyés. Dorénavant, leur tâche reposera essentiellement sur la collecte des impôts. Cette situation intenable pour les petites gens débouche sur des révoltes provinciales, telles celle des Croquants dans le Sud-Ouest, celle des Nu-pieds en Normandie ou, plus tard, la Fronde.

L'EUROPE AU DÉBUT DU XVIIᵉ SIÈCLE

Les différentes puissances européennes

À partir de 1603, l'Angleterre est dirigée par la dynastie des Stuart, également souverains d'Écosse. Cette première moitié de siècle est marquée par de nombreux événements lourds de conséquences. Malgré quelques interventions et soutiens au camp protestant durant la guerre de Trente Ans, l'Angleterre reste principalement focalisée sur son territoire. Charles Iᵉʳ (roi d'Angleterre, d'Écosse et d'Irlande, 1600-1649) tentera d'imposer à la fois son absolutisme et le culte anglican à tous les Anglais, ainsi qu'un culte réformé aux Écossais. S'ensuivent de nombreuses années de conflits d'abord contre les Écossais qui se soulèvent, ensuite contre les partisans du parlement anglais (1642-1649). La guerre civile s'achève sur la capture du roi par les troupes du gentilhomme Oliver Cromwell (1599-1658). Le roi est décapité, la monarchie est abolie, la Chambre des lords est dissoute. Cromwell vainc ensuite les Écossais qui ont reconnu le fils du défunt roi comme son successeur sous le nom de Charles II ; ce dernier fuit vers la France. Cromwell est nommé lord protecteur de la République d'Angleterre, d'Écosse et d'Irlande, sur laquelle il impose une dictature militaire. En 1660, la monarchie est restaurée.

Le Saint-Empire romain germanique est toujours sous l'autorité de l'empereur élu par sept électeurs : les trois archevêques de Mayence, Trêves et Cologne, et quatre laïcs, le duc de Saxe, le comte Palatin, le margrave (souverain d'une marche, c'est-à-dire d'un fief situé en zone frontalière) de Brandebourg et le roi de Bohème. Ils choisissent généralement un prince Habsbourg de la maison d'Autriche régnant également sur ses possessions et sur la Bohème. Le début du XVIIᵉ siècle est marqué par la résurgence de tensions au sein du Saint-Empire. La paix d'Augsbourg de 1555, qui a mis fin aux combats entre les princes catholiques et luthériens en leur accordant le choix de leur religion et le droit de l'imposer à leurs sujets, est de plus en plus menacée. Deux ligues se sont créées au sein du Saint-Empire : l'Union évangélique (1608) regroupe des luthériens et des calvinistes autour de l'électeur du Palatin tandis que la Sainte Ligue (1609), dirigée par le duc de Bavière, est composée de catholiques. Toutes deux sont prêtes à en découdre dès le premier incident.

La puissance de l'Espagne reste considérable jusque dans les années 1640. Au début du XVIIᵉ siècle, le pays amorce une politique centralisatrice. Ses politiques extérieures nécessitent aussi toujours plus d'argent, notamment lors des guerres de Quatre-Vingt Ans (1568-1648), contre les Provinces-Unies qui luttent pour leur indépendance, de Trente Ans et de celle contre la France (1648-1659). L'Espagne connaît également une crise économique au XVIIᵉ siècle. Alors que les métaux précieux affluent toujours du Nouveau Monde, la production espagnole tourne au ralenti. Le pays importe davantage de produits en provenance des pays voisins par rapport à sa production qui ne cesse de réduire, permettant ainsi aux nations européennes d'engranger de confortables bénéfices. À la fin du règne de Philippe IV (1605-1665), l'Espagne, qui a connu de sérieux revers, se voit amputée des Provinces-Unies, de l'Artois, du Roussillon et du Portugal qui a recouvré son indépendance.

Depuis la fin du XVᵉ siècle, il existe une rivalité entre la maison des Habsbourg, dont les deux branches familiales alliées règnent à la fois sur l'Autriche et l'Espagne, et les rois de France, d'abord les Valois ensuite les Bourbon.

Les Habsbourg d'Espagne, descendants de Charles Quint, sont les principaux rivaux des rois de France et leur disputent l'hégémonie européenne. Ils exercent une pression importante sur les frontières françaises en encerclant la France au sud, au nord et à l'est.

Ces deux nations s'opposent tout au long du XVIᵉ siècle, notamment lors des nombreuses guerres d'Italie, avant de connaître un apaisement de courte durée au début du siècle suivant avec le mariage de Louis XIII et d'Anne d'Autriche, infante d'Espagne. Les rivalités réapparaîtront avec la guerre de Trente Ans et plus tard encore. L'objectif des rois de France est d'affaiblir l'Espagne afin de consolider ses frontières et d'écarter toute menace d'invasion espagnole.

La guerre de Trente Ans et le traité de Westphalie

La succession de l'empereur Mathias Iᵉʳ (1557-1619), sans descendance, s'ajoute aux tensions qui règnent alors dans le Saint-Empire et qui engendreront la guerre de Trente Ans. Son cousin, Ferdinand de Styrie (1578-1637), un catholique intransigeant qui nourrit de vastes ambitions centralisatrices, est reconnu comme son successeur et devient roi de

Bohême en 1617. Il est rapidement craint par les protestants de ce royaume, où régnait jusqu'alors une large liberté de culte. Ces tensions conduisent à la défenestration de deux des conseillers du nouveau roi en 1618. Ce dernier est déposé l'année suivante et est remplacé par l'électeur du Palatin, alors même qu'il est élu empereur sous le nom de Ferdinand II. Frédéric V du Palatinat organise alors le soulèvement de la Bohême.

La guerre de Trente Ans est déclarée. Elle donne lieu à une multitude de conflits qui ont déchiré l'Europe entre 1618 et 1648. Les enjeux sont divers : religieux, politique et économique. Ainsi les Habsbourg d'Autriche et d'Espagne, soutenus par le pape, s'unissent contre les princes protestants du Saint-Empire, auxquels sont alliés les nations réformées d'Europe telles que le Danemark, la Suède et les Provinces-Unies. La France s'allie au clan protestant afin de lutter contre les Habsbourg d'Autriche et d'Espagne, qui menacent sa puissance.

Les traités de Westphalie mettent fin à la guerre de Trente Ans et à la guerre de Quatre-Vingt Ans. L'Espagne signe la paix avec les Provinces-Unies, dont elle reconnaît désormais l'indépendance, mais rien n'est conclu avec la France. Pour sa part, l'empereur du Saint-Empire est contraint, à la suite des nombreuses victoires franco-suédoises, de signer une paix avec ces deux nations. D'un côté, le pouvoir de l'empereur est affaibli au profit des princes allemands, et de l'autre côté, les clauses de la paix d'Augsbourg sont confirmées et même étendues au calvinisme. À l'instar de la Suède, la France obtient de nouveaux territoires (l'Artois, l'Alsace et le

Roussillon) ; ces deux nations sont aussi chargées de veiller à la bonne exécution des traités de Westphalie. Cette clause les autorise à intervenir dans les affaires du Saint-Empire.

La guerre franco-espagnole (1648-1659)

Les troubles intérieurs causés par la Fronde redonnent espoir à une Espagne épuisée par les guerres de Quatre-Vingt Ans et de Trente Ans qui viennent de s'achever. Elle décide de tirer profit de ces guerres civiles pour poursuivre la guerre contre la France et s'emparer de plusieurs territoires. Lorsque la Fronde se termine, en 1653, le Grand Condé, l'un des principaux frondeurs, est passé au service de l'Espagne. Cette guerre qui se prolonge épuise les deux pays et aucune victoire ne semble être décisive. En 1657, une alliance est conclue entre Mazarin et Cromwell contre l'Espagne. L'année suivante, l'alliance s'emparera d'une partie de la Flandre et menacera Bruxelles. L'Espagne doit se résigner à conclure la paix lors du traité des Pyrénées.

TEMPS FORTS DU RÈGNE DE LOUIS XIV

L'APOGÉE DE L'ABSOLUTISME

La réorganisation du pouvoir à partir de 1661

Au lendemain de la mort de Mazarin, le 10 mars 1661, Louis XIV surprend toute la France en annonçant qu'il gouverne désormais sans ministre principal. C'est le début du règne personnel de Louis XIV qui durera jusqu'à sa mort en 1715. Cette décision lui a été conseillée par Mazarin lui-même sur son lit de mort, peut-être par jalousie envers un successeur, ou plus certainement par rapport au coût que représente une telle fonction. Louis XIV est désormais le chef du gouvernement et par ailleurs, il règne et gouverne seul. Il est toutefois aidé dans ses prises de décision par des ministres d'État, des secrétaires d'État, des conseillers et par toute personne qu'il juge apte à nourrir sa réflexion. Il leur interdit de signer quelque acte que ce soit sans qu'il en ait été avisé et qu'il en ait donné son consentement. En tant que monarque absolu, l'ultime décision doit lui revenir.

Le roi gouverne au moyen du Conseil du roi, qui se compose lui-même de quatre conseils : le Conseil d'en haut, le Conseil royal des finances, le Conseil des dépêches et le Conseil de conscience.

Le Conseil d'en haut est le plus important de tous. Il siège au premier étage des résidences royales, d'où son nom. Ici sont examinées les affaires les plus importantes du royaume, qu'il s'agisse de politique intérieure ou extérieure. Même si l'on ne dispose d'aucun compte-rendu des séances – cela était interdit pour que les décisions prises restent secrètes –, il semble évident que les affaires étrangères occupent l'essentiel de leurs discussions. Le secrétaire des Affaires étrangères fait office de rapporteur et expose des réponses aux affaires, la décision restant entre les mains du roi. Parmi les questions intérieures sont traités les problèmes entre grands seigneurs ou les opérations militaires en temps de guerre. Dès sa prise de pouvoir, Louis XIV convoque au sein du Conseil d'en haut les personnes qu'il souhaite, auxquelles il donne le titre de ministre d'État, et abolit le concept de membres de droit. Mais afin de conserver une continuité, il y confirme les trois ministres d'État que sont Fouquet, Le Tellier et Hugues de Lionne (1611-1671), déjà en fonction au temps de Mazarin. Sous le règne de Louis XIV, il n'y aura jamais plus de cinq ministres d'État. Il en écarte sa mère et le chancelier, qui avaient l'habitude d'y siéger, mais y intègre son fils et son petit-fils, respectivement en 1691 et 1702, pour leur apprendre à régner. Entre 1661 et 1715 ne se succéderont que 17 ministres. Cette stabilité ministérielle est due au fait que le roi n'aime pas voir de nouvelles têtes et qu'il a des difficultés à accorder sa confiance. Cette raison le conduit à s'appuyer sur plusieurs familles liées depuis longtemps à la monarchie comme les Le Tellier, les Colbert et les Phelypeaux de Pontchartrain et de La Vrillière.

La disgrâce de Nicolas Fouquet en 1661 provoque la suppression de la charge de surintendant des Finances. La désignation de ce poste suppose que cette personne occupe une place prééminente au sein du gouvernement, chose inconcevable pour Louis XIV. Il le remplace par le Conseil royal des finances, qu'il préside. Le roi est aidé dans sa tâche par Jean-Baptiste Colbert dont la mission est de contrôler les comptes. À partir de 1665, celui-ci devient contrôleur général des Finances. Ce conseil se charge essentiellement des revenus et dépenses du royaume, des finances du domaine royal, des généralités, de la fiscalité et établit la politique économique à suivre.

Le Conseil des dépêches traite des affaires liées aux provinces et assure leur correspondance. À ce conseil siègent, en présence du roi, le chancelier et les secrétaires d'État.

Le Conseil de conscience est réorganisé par Louis XIV. Le roi s'occupe ici personnellement des affaires religieuses et de la nomination des ecclésiastiques aux postes vacants, en compagnie de son confesseur. Parfois, l'archevêque de Paris et d'autres personnalités jugées utiles sont conviés aux discussions.

Les conseillers ou collaborateurs du roi occupent une ou plusieurs fonctions bien précises au sein du gouvernement. Ils peuvent être chancelier, secrétaire d'État de la Guerre, des Affaires étrangères, de la Marine, de la Religion prétendue réformée, de la Maison du roi, ou encore contrôleur général des Finances. Louis XIV restreint son conseil aux personnes qualifiées issues de la noblesse de robe et écarte sa mère, les princes de sang, la haute noblesse et les maréchaux de France.

Deux clans opposés émergent rapidement parmi les conseillers de Louis XIV. Le premier est celui de la famille Le Tellier, où l'on retrouve Michel Le Tellier, secrétaire d'État de la Guerre avant de devenir chancelier. Son fils, le marquis de Louvois, le remplace au poste de secrétaire d'État de la Guerre. Cette fonction sera également transmise à Barbezieux (1668-1701), le fils de Louvois, mais il ne deviendra pas ministre d'État. Le deuxième est celui des Colbert. Jean-Baptiste Colbert cumule de nombreuses fonctions, son fils Seignelay (1651-1690) est nommé secrétaire d'État à la Marine tandis que son frère devient secrétaire d'État aux Affaires étrangères, lequel sera ensuite remplacé par son fils, Colbert de Torcy (1665-1746). Le neveu Desmarets (1648-1721) devient, lui, contrôleur général des Finances. Son gendre occupera aussi une fonction honorifique en devenant chef du conseil royal des Finances.

poste de secrétaire d'État de la Guerre en 1677. Le côté « pacifique » est incarné par Colbert. Il tente de réduire les dépenses de l'État pour relancer l'économie et créer une marine tandis que les Le Tellier ont pour mission de protéger la France avec la fortification de ses frontières et la guerre qui devient prépondérante à partir de 1672. Ainsi, de par leurs attributions, ces deux clans ne peuvent s'entendre que périodiquement.

Le contrôle et l'obéissance du royaume

La Fronde a laissé des souvenirs effroyables et indélébiles au jeune Louis XIV. Les nombreux enseignements qu'il a tirés de cette autorité royale bafouée le conduisent, pendant les premières années de son règne personnel, à réformer son royaume alors en paix pour qu'une telle situation ne puisse se reproduire.

La première réforme vise la noblesse dont les intrigues et les révoltes menées contre la monarchie ont joué un rôle essentiel durant la Fronde. Elle est désormais étroitement surveillée, comme au temps d'Henri IV et plus tard de Richelieu. Le rôle de la noblesse est de servir le roi, la Cour ainsi que les armées, mais elle est désormais amputée de son rôle politique au sein des conseils du roi. Louis XIV n'écarte pas seulement les grands du royaume ; les membres de sa famille, à l'instar de sa mère, le sont également.

Dans le système de Cour mis en place par le monarque, système qui se marque encore davantage lors de son établissement à Versailles, la noblesse et surtout la haute noblesse gravitent autour de la personne du roi. Ainsi, par exemple, les gouverneurs de province vivent dans son entourage et doivent obtenir son accord pour regagner leurs terres et leurs gouvernements. Fréquenter la Cour est devenu un devoir nobiliaire, et la bouder équivaut à se rendre suspect ; il n'est cependant pas interdit de la quitter, au risque de déplaire. Au sein de sa Cour, Louis XIV est devenu l'élément central, une sorte de héros : un compliment de sa part, voire un échange avec lui, est un privilège faisant de nombreux envieux. En gravitant autour de lui, le noble assiste à des fêtes, spectacles et autres divertissements, et peut obtenir faveurs et privilèges. Ce processus a souvent été désigné par le terme de « domestication de la Cour » ; or 5 % seulement de la noblesse française vit à Versailles, et celle-ci trouve même du prestige à suivre le cérémonial qui s'est mis en place.

D'autres réformes ont pour objectif l'abaissement du pouvoir des parlements, qui sont au départ des cours de justice mais qui ont également des compétences aux niveaux législatif et policier. Il s'agit d'une série de mesures imposées par Louis XIV afin de ne plus essuyer leur opposition comme au temps de la Fronde. Le coup d'autorité débute déjà en 1655, lorsqu'il intervient lui-même pour ordonner la fin d'une délibération concernant l'enregistrement de lois. En 1661, il impose aux parlements de se soumettre au Conseil du roi. Ces parlements perdent leur appellation de « cours souveraines » pour être dénommées « cours supérieures ». Il s'agit là d'un changement nominatif symboliquement fort, opéré en 1665. Les dernières mesures sont des réformes de procédure empêchant les parlements d'entraver l'enregistrement d'une loi et des règles par rapport à la formulation des remontrances (observations sur la légalité d'un texte). En 1667, les parlements se voient imposer l'obligation d'enregistrer toutes les décisions du roi. Les remontrances ne sont pas interdites mais doivent être formulées dans un délai de trois mois. En 1673, une mesure déjà apparue au temps d'Henri IV refait surface : les remontrances ne peuvent plus être formulées qu'après leur enregistrement. Le parlement de Paris, pourtant très virulent durant la Fronde, ne s'oppose plus aux décisions royales, au contraire des parlements provinciaux qui formulent encore des remontrances contre certaines lois ; mais leur portée n'est guère efficace.

Louis XIV réduit dans la foulée le pouvoir des états provinciaux, dont le rôle principal est de dialoguer avec l'État, notamment au niveau de l'impôt.

Ces réformes permettent ainsi de diminuer voire d'évincer toute forme d'opposition par rapport aux décisions et à la législation émanant du pouvoir royal.

Louis XIV s'attelle également à pacifier les rues de Paris. En effet, Paris, capitale du royaume, est une ville où il ne fait pas bon vivre au XVIIe siècle. Souvent tentée par la révolte, la ville est sujette à de nombreux assassinats et de nombreux vagabonds, mendiants, criminels y vivent au milieu de la bourgeoisie qui administre la ville. Face à cette insécurité, le souverain crée la fonction de lieutenant général de police en 1667. Le poste est confié à La Reynie (1625-1709). Pendant 20 ans, celui-ci améliore le système routier : pavement des rues, éclairage au moyen de lanternes, nettoyage, réglementation de la circulation. Il détruit la cour des Miracles, un foyer de non-droit où se rassemblaient les nombreux mendiants et autres délinquants de Paris, assure le ravitaillement de la ville en vivres et poursuit les criminels.

Enfin, l'autorité royale est renforcée par des changements opérés au sein de l'administration royale. Mazarin réinstaure l'usage des intendants en 1653.

L'INTENDANT

L'intendant est un commissaire royal établi dans une généralité, c'est-à-dire dans une circonscription financière établie en France à partir du XVe siècle. Il y exerce des pouvoirs en matière de justice, de police et de finance.

Depuis 1642, le gouvernement avait recours aux intendants pour la perception des impôts. Symbole de la tyrannie ministérielle, détestés tant par la population que par les autorités locales, leur fonction avait été supprimée par l'un des 27 articles émis par le parlement de Paris au début de la Fronde parlementaire.

Après la Fronde, les intendants interviennent dans les provinces au nom du roi dans tous les domaines à l'exception de la perception de l'impôt. Ils disposent alors d'une grande autonomie par rapport aux gouverneurs provinciaux. Ils deviennent petit à petit de véritables administrateurs dans la province où ils sont affectés et peuvent intervenir dans tous les domaines au nom de l'État : justice, police, fiscalité, surveillance des autorités locales, de la bonne application des édits, etc. Les intendants dépendent de Colbert, contrôleur général des Finances, pour qui ils accomplissent de nombreuses enquêtes sur des sujets variés.

Cette première partie du règne de Louis XIV est également marquée par les grandes réformes du royaume. Cette entreprise menée par Colbert entre 1667 et 1685 vise à combler les imperfections législatives, à les simplifier et les clarifier. Parmi les sujets traités figurent les procédures civile et criminelle entre 1667 et 1670. Cette codification connue sous le Code Louis facilite l'exercice de la justice. L'ordonnance des eaux et forêts (1669) permet une meilleure gestion des forêts royales, la fin du pillage de bois, l'accroissement des revenus et la sélection des meilleurs arbres pour la construction d'une marine de guerre.

L'absolutisme religieux

Louis XIV est très conscient de l'importance qu'occupe la religion dans l'encadrement de la population française. C'est une sorte de ciment dans la société d'Ancien Régime dont le rôle est d'offrir à ses fidèles l'espérance d'un salut après la mort.

Le roi est lui-même très croyant : il prie, assiste quotidiennement à la messe, se confesse régulièrement et est à l'écoute des hommes d'Église. Malgré une forte assiduité et un intérêt pour la morale, il n'hésite pas à s'afficher avec ses maîtresses. Ce n'est que plus tard qu'il adoptera une plus grande piété, encouragée par Madame de Maintenon. Louis XIV veut se montrer digne du pouvoir que Dieu lui a confié sur Terre. Il revendique le titre de « roi très chrétien ». Tout au long de son règne, il se montre d'ailleurs très préoccupé par l'affirmation de son autorité sur l'Église de France et au retour vers une unité religieuse en combattant les hérésies, les courants dissidents et le protestantisme.

Parmi ses combats, il faut noter celui **contre le jansénisme**. Ce courant du catholicisme né au début du XVIIe siècle s'oppose, en s'appuyant sur la théologie de Saint-Augustin, aux doctrines morales et aux conceptions de la mort et de l'au-delà défendues par l'Église. Son nom vient de l'évêque d'Ypres, Cornélius Jansen (1585-1638), qui écrit son texte fondateur, *Augustinus* (1640).

Rapidement, le jansénisme est opposé à la puissante Compagnie de Jésus qui le considère comme une hérésie. Louis XIV, qui a été élevé par des jésuites, se méfie de cette doctrine et poursuit la politique de Mazarin à leur encontre. Ainsi, en 1661, il impose à tous les ecclésiastiques du royaume la signature d'un formulaire dans lequel ils renoncent à l'adhésion aux thèses exprimées par le jansénisme. La résistance de ses adeptes, ainsi que des questions de politique intérieure, conduisent néanmoins à négocier une trêve en 1668. Un calme relatif s'installe ainsi pour une trentaine d'années, tout de même entaché par quelques persécutions à l'égard des jansénistes.

Au début du siècle suivant, une nouvelle querelle se déclare, concernant l'absolution des prêtres fidèles aux propositions de l'*Augustinus*. Le roi, aidé par le pape, lutte de manière drastique contre les jansénistes, malgré leurs hauts appuis. Leur principal fief est détruit et une bulle papale, *Unigenitus*, condamne leurs propositions en 1713. Cette dernière est imposée au parlement de Paris par Louis XIV.

Son deuxième combat d'importance se fera **contre le pape Innocent XI** (1611-1689). Louis XIV s'appuie sur la tradition gallicane qui est une doctrine politique et religieuse garantissant l'autonomie de l'Église de France et du roi par rapport au pape. Bien qu'il reconnaisse l'autorité spirituelle du pape, le roi de France est seul garant du pouvoir temporel et n'a de compte à rendre que devant Dieu. Louis XIV supporte les intrusions de la papauté sur l'Église de France dans d'autres domaines que la spiritualité.

Une querelle éclate au sujet de la régale, c'est-à-dire au sujet de l'administration des sièges épiscopaux vacants. Ce droit, que le roi possède sur la moitié des diocèses de son royaume, repose sur la nomination des ecclésiastiques et l'administration de leurs revenus. En 1673, le roi adopte les théories du parlement de Paris confirmant que la régale est un droit universel du roi de France et que celui-ci est indépendant du pape. En 1682, la régale s'étend à tous les diocèses du royaume.

Dans le même temps, la déclaration des Quatre Articles affirme l'indépendance du roi dans le domaine temporel par rapport au Saint-Siège, la supériorité des conciles œcuméniques sur les décisions du pape, le respect de l'autonomie de l'Église de France et la remise en question de l'infaillibilité du pape par le consentement de l'Église de France sur ses décisions. Louis XIV ordonne la diffusion et l'enseignement de cette déclaration dans toute l'Église de France. En réponse, Innocent XI refuse l'investiture canonique aux évêques nommés par le roi, laissant ainsi 35 diocèses sans évêque en 1689. Cette non-reconnaissance plonge l'Église de France dans une certaine désorganisation.

Il faut attendre 1693 et la nomination d'Innocent XII (1615-1700) en tant que pape pour que la situation s'assouplisse. Louis XIV revient sur l'enseignement de la déclaration, et le pape accepte l'extension de la régale.

Troisième lutte religieuse : celle **contre les protestants**. Désireux d'incarner le rôle d'un roi très chrétien, Louis XIV est épris de l'idée de n'avoir qu'une seule et unique religion au sein de son royaume, à savoir le catholicisme. La France est l'une des exceptions en Europe en matière religieuse puisque deux religions coexistent. Même au sein du Saint-Empire la situation a été réglée par la paix d'Augsbourg (1555) et les traités de Westphalie (1648) : le prince impose sa religion au peuple. Les quelques 1,5 million de protestants dérangent sa vision d'un royaume soumis à une seule loi et une seule foi.

Jusqu'en 1679, les protestants sont victimes de brimades dans l'espoir qu'ils reviennent au sein de l'Église catholique. Le roi décide également d'appliquer l'édit de Nantes de manière restrictive. Tout ce qui n'est dès lors pas spécifié dans l'édit est considéré comme interdit.

À partir de 1679, Louis XIV durcit sa politique contre les protestants par une série d'arrêts qui vont les placer en marge de la société et rendre leur vie quotidienne nettement plus rude. Ces arrêts abrogent toutes les charges politiques, interdisent les mariages mixtes, l'émigration, la tenue de synodes sans autorisation royale et soumettent les enterrements à des règles horaires strictes.

La conversion à la religion prétendue réformée est interdite en 1680. L'année suivante, les premières dragonnades ont lieu dans le Sud de la France. Ces persécutions orchestrées par des dragons, des soldats qui combattent à pied ou à cheval, sont autorisées par Louvois dans le Poitou, le Béarn, le Languedoc. Entre leurs déplacements, ils sont logés dans des maisons protestantes. Les violences, les pillages, les brutalités terrorisent les protestants et les forcent à se convertir au catholicisme afin de ne plus devoir les héberger. Les conversions se multiplient grâce à ce procédé proche de la torture, et Louis XIV se réjouit des résultats obtenus, malgré une grande indignation au sein de la population.

Ces persécutions ont surtout lieu en 1681, 1683 et 1685. En 1685, le roi considère qu'il n'y a plus beaucoup de protestants dans le royaume et, le 18 octobre 1685, décide par l'édit de Fontainebleau de révoquer l'édit de Nantes. Rédigé par le chancelier Le Tellier, il suscite la victoire des catholiques français. L'édit interdit la pratique du culte protestant. Les pasteurs doivent abjurer leur foi ou émigrer en abandonnant famille et biens. Les enfants doivent être baptisés et élevés dans le catholicisme. Il est interdit de fuir la France sous peine des galères et de la saisie des biens.

Près de 250 000 d'entre eux s'exilent dans des pays protestants, malgré les menaces. Cette fuite aura d'importantes conséquences sur l'économie française et provoquera l'indignation des nations protestantes européennes, attisant leur animosité. Quant à ceux qui restent en France, ils abjurent leur foi du bout des lèvres et sont considérés comme les « nouveaux convertis ». Ils sont obligés de suivre les offices catholiques, mais continuent à exercer leur culte clandestinement lors de messes en plein air que l'on nomme « assemblées du désert ».

L'ÉCONOMIE ET L'IMPACT DU COLBERTISME

Les finances de l'État

Intendant des Finances en 1661, puis contrôleur général des Finances de 1665 jusqu'à sa mort en 1683, Colbert joue un rôle essentiel au sein de l'économie française. Lors des premières années, qui coïncident avec une période de paix, et jusqu'en 1670, le ministre d'État œuvre à redresser l'économie du pays et même à rétablir l'équilibre budgétaire. D'abord, il impose une comptabilité sévère afin de mieux connaître les revenus et les dépenses de l'État, ce qui lui permet par la suite, et tout au long de sa charge, d'assurer des rentrées fiscales constantes, dont un tiers provient de la taille. Cet impôt, qui pèse uniquement sur les paysans, diminue même entre 1662 et 1672, mais augmente ensuite lors de la guerre de Hollande, avant de diminuer à nouveau au sortir de la guerre, entre 1679 et 1685. Colbert s'appuie sur l'augmentation de l'impôt indirect qui frappe toutes les couches de la société. Il est également à l'origine d'une simplification dans la collecte de cet impôt. Pour augmenter le nombre de contribuables, il se lance ensuite dans une vérification des titres noblesses pour pourchasser les faux nobles. Le contrôleur général s'attelle enfin à réduire les dettes publiques de la France. Pour y parvenir, il diminue notamment les taux des prêts accordés à l'État et rembourse de nombreux emprunts. Cette mesure touche les rentiers et contribue à rendre le ministre impopulaire. L'argent qui entre dans les caisses de l'État permet notamment de payer les armées, le développement d'une marine de guerre et la construction de Versailles.

Lorsque la guerre de Hollande est déclarée en 1672, Colbert est contraint de contracter de nouveaux prêts pour financer les armées ; il a recours à des expédients.

À partir de ce moment, les finances ne cessent de se dégrader et la pression fiscale augmente sur la population et sur les localités pour préparer les nombreuses guerres qui suivront, entretenir et équiper les troupes. Entre la fin du XVIIe et le début du XVIIIe siècle, sans compter les impôts extraordinaires, deux nouveaux impôts apparaîtront également pour financer les guerres : la capitation et l'impôt du dixième.

- Le premier est introduit en 1695 par Louis Pontchartrain, alors contrôleur général des Finances. La capitation est un impôt par tête qui existe jusqu'en 1698, avant de réapparaître en 1701 lorsque démarre la guerre de Succession d'Espagne. Contrairement à la taille, cet impôt touche tous les sujets, y compris les nobles ; seul le clergé y échappe. Leur contribution est déterminée en fonction de la classe d'imposition à laquelle ils appartiennent, parmi les 22 créées à cette fin.
- L'impôt sur le dixième est lui créé en 1710 pour financer la guerre de Succession d'Espagne. Ce prélèvement porte sur toutes les propriétés détenues par tous les corps de l'État. Il ne sera aboli qu'en 1717.

LA DÉTRESSE DE LA POPULATION

Ces nombreux impôts constituent une charge considérable pour la population paysanne. La taille représente environ 20 % des revenus des paysans tandis que la part de la dîme varie entre 3 et 12 %. À cela, il faut encore ajouter la gabelle, les droits seigneuriaux, les aides, etc. Environ la moitié des revenus des paysans sont absorbés par l'État ; l'autre lui permet de survivre et de subvenir aux besoins primaires. En temps de guerre, leur impact devient encore plus considérable. La misère est omniprésente et la faim se fait de plus en plus sentir faute de revenu suffisant.

La situation se complique davantage avec la disette qui apparaît à la fin du siècle, notamment en raison d'hivers rigoureux comme ceux de 1693 et 1709. Lors de ces deux années, les sols sont gelés sur plusieurs centimètres, les récoltes sont anéanties et la famine est générale. À défaut de céréales, les pauvres se résignent à manger des glands, des herbes telles que des fougères et des orties, des pépins de raisin moulus, des coquilles de noix. La population meurt de faim tandis que d'autres s'enrichissent en spéculant sur le prix du grain. En 1694, un million de Français sont morts de faim, de misère et de froid entraînant des épidémies.

Cette situation désastreuse inspire Charles Perrault (auteur français, 1628-1793) avec le conte du *Petit Poucet* en 1697.

Le colbertisme

Portrait de Jean-Baptiste Colbert par le peintre Claude Lefèbvre, 1666.

Lorsque Colbert devient contrôleur général des Finances, la situation économique française est morose. Elle repose en grande partie sur l'agriculture dont les résultats varient en fonction du climat. Le grand commerce est lui aux mains de marchands étrangers qui importent en France de nombreux produits conçus dans les pays voisins, ou des produits et marchandises acheminés depuis les colonies étrangères. Or Colbert, comme bon nombre de ses contemporains, estime que la quantité d'or et d'argent qui circule à cette époque est plus ou moins constante et que la quantité de numéraires que possède un souverain détermine la richesse d'un État. Ces réflexions, que le contrôleur général développe dès 1664, sont influencées par le mercantilisme. Elles le poussent vers une politique protectionniste dont l'objectif est de rectifier le déficit de la balance commerciale. La France importe en effet plus de biens que ce qu'elle exporte, ce qui produit une fuite de métaux précieux vers l'étranger. La France se doit de dynamiser sa production nationale afin de rééquilibrer les flux.

La politique de Colbert dépasse cependant la doctrine mercantiliste en faisant intervenir l'État dans la réglementation commerciale. Pour protéger la production française, le contrôleur général des Finances impose de nouveaux tarifs douaniers en 1664. Ceux-ci frappent l'importation de produits fabriqués à l'étranger par une hausse des taxes, mais favorisent l'importation des matières premières nécessaires à la confection des produits français. Cette mesure vise essentiellement la petite république des Provinces-Unies, dont la réussite commerciale inonde les marchés voisins. En 1667, cette mesure devient encore plus radicale en prohibant tous les produits fabriqués en Angleterre et dans les Provinces-Unies. Pour améliorer la circulation des marchandises, Colbert modernise les voies de communication intérieures. C'est notamment à ce moment-là qu'est percé le canal du Midi, qui relie Toulouse à Sète : il est à présent possible de naviguer de l'Atlantique à la Méditerranée sans passer par le détroit de Gibraltar.

Pour inverser le déficit de la balance commerciale, la France doit également produire des biens. L'État encourage alors, d'une part, la confection de produits de qualité exceptionnelle et, d'autre part, celle de produits bon marché. L'industrie du luxe est ainsi en pleine effervescence et de nombreuses manufactures spécialisées dans les produits finis de qualité et dont la production se réalise à grande échelle voient le jour. Leur production vise à imiter certains produits étrangers tels que la dentelle de Hollande, les glaces de Venise ou encore la soierie d'Italie. Pour assurer la production, les manufactures bénéficient de subventions de l'État, du monopole de fabrication, de l'octroi de prêts et de l'aide des localités. Elles jouissent également de nombreux avantages comme l'exemption d'impôts, la mise à disposition de logements, ou la liberté de culte si des protestants sont présents parmi les ouvriers.

Il existe deux sortes de manufactures :

- les manufactures d'État, parmi lesquelles on retrouve celle des Gobelins, qui fournira Versailles en tapisseries et en meubles de qualité, et celle de Saint-Gobain, qui produit des glaces ;
- les manufactures royales, au nombre de 30 entre 1665 et 1770.

Le colbertisme met donc en place l'industrialisation de la

nation, mais son succès est de courte durée et ne permet pas de surpasser les Provinces-Unies ou l'Angleterre. Pire encore, les législations qui en découlent conduisent à une guerre commerciale entre les nations et à de nombreuses provocations. Les guerres auront raison du colbertisme : le commerce chute drastiquement faute de consommation de la population dont les finances sont au plus bas.

Les colonies

Pour favoriser le grand commerce, Colbert crée des compagnies marchandes similaires à celles qui existent dans les Provinces-Unies. Elles sont les seules à pouvoir commercer avec les colonies françaises. Entre 1664 et 1670, quatre compagnies sont créées :

- la Compagnie des Indes occidentales pour les Antilles, la Nouvelle-France et l'Afrique de l'Ouest ;
- la Compagnie des Indes orientales vers les comptoirs asiatiques ;
- la Compagnie du Nord pour le négoce vers la Baltique ;
- et la Compagnie du Levant pour le commerce en Méditerranée orientale.

Leur mission est de créer des comptoirs commerciaux et de s'implanter aux Antilles et en Nouvelle-France. La Compagnie des Indes orientales s'est ainsi lancée dans de nombreuses entreprises d'installation en Asie (Ceylan, Java, Siam) et à Madagascar. Aucune ne réussit durablement à l'exception de Pondichéry et Chandernagor en Inde. La Compagnie peine à survivre mais aura plus de succès que celle des Indes occidentales, dissoute en 1674 ; à partir de cette date, la France administre directement les colonies américaines.

De l'autre côté de l'Atlantique, la Nouvelle-France se développe surtout dans les années 1660. Elle s'est installée autour du Saint-Laurent avec Montréal, Trois-Rivières et Québec ; la France possède aussi les territoires de l'Acadie et de Terre-Neuve. Des missions d'exploration sont réalisées vers les Grands Lacs ainsi que vers la baie d'Hudson et, en 1682, l'explorateur Cavelier de la Salle (1643-1687) découvre la Louisiane, une région qui s'étend le long de la vallée du Mississippi.

La colonie est dirigée par un gouverneur général, un intendant et un conseil souverain. L'intendant a pour mission de développer son économie et de rétablir l'ordre dans la vallée du Saint-Laurent, victime de nombreux raids des tribus iroquoises. Le nombre de colons français reste dérisoire par rapport à la population amérindienne et face aux colons anglais. Néanmoins, la taille démographique de la colonie triple entre 1660 et 1670, date à partir de laquelle la France consacre beaucoup moins d'énergie pour mettre en valeur sa colonie afin de se concentrer sur la situation européenne.

Au tournant du XVIIe au XVIIIe siècle, la Nouvelle-France devient le théâtre de nombreux affrontements avec les colonies anglaises voisines, durant lesquels elle peut compter sur le soutien des tribus amérindiennes avec qui elle est en paix, à défaut de suffisamment d'aide venue de la métropole. La fin de la guerre de Succession d'Espagne est un coup dur pour la colonie, qui se voit amputée par le traité d'Utrecht (11 avril 1713) des territoires de la baie d'Hudson, de

Terre-Neuve et de l'Acadie, alors qu'elle n'avait perdu qu'un seul territoire durant la guerre. Mais les intérêts européens prévalent sur ceux d'Amérique.

DE L'HÉGÉMONIE À L'ÉQUILIBRE EUROPÉEN

Réforme de l'armée et de la marine française

Depuis 1643, Michel Le Tellier est secrétaire d'État de la Guerre. Grand travailleur et fidèle à la Couronne durant la Fronde, sa mission est de fournir au roi et au ministre principal les armées nécessaires pour vaincre l'Espagne. Il entretient également une correspondance avec les généraux et officiers de l'armée et se charge de la nomination des intendants d'armées et des commissaires des guerres. Lorsque la paix revient en 1659 et jusqu'en 1666, Le Tellier travaille ardemment et entreprend de nombreuses réformes pour que l'armée de France soit mieux administrée. Parmi ces réformes, on peut noter la lutte contre le vagabondage et la désertion, l'organisation des étapes et du logement des gens de guerre chez l'habitant, l'organisation du conseil de guerre. À partir de 1662, il travaille avec son fils, le marquis de Louvois, qui devient ministre en 1672 et reprend entièrement sa charge en 1677. Sous la coupe de ce dernier, l'armée ne cesse de s'accroître sans compromettre la discipline qui y règne. L'état de l'armée est de mieux en mieux connu grâce aux inspecteurs généraux et aux inspecteurs chargés de vérifier la situation des troupes et de l'armement. Depuis 1668, Louvois est également surintendant des Postes. La mainmise sur la correspondance lui permet d'acheminer les dépêches et de collecter les nouvelles le plus rapidement possible. Les informations concernant les soldats sont également plus précises et l'on possède notamment des notes sur les invalides et les déserteurs. On tente à ce moment-là de généraliser l'uniforme, tout en luttant contre les duels, le jeu et la prostitution dans les armées. L'augmentation du nombre de casernes est également l'une des tâches entreprises par Louvois.

La marine de guerre et le contrôle des mers deviennent des enjeux essentiels au XVIIe siècle et témoignent de la puissance des nations. La guerre sur la mer s'est perfectionnée avec l'usage de nouveaux bâtiments, les vaisseaux de ligne ayant une capacité de tir supérieure et nécessitant moins de manœuvres lors des combats. En 1661, l'enjeu de la France est de construire une flotte supérieure à celle de l'Angleterre et équivalente à celle des Provinces-Unies. La marine se trouve au centre du programme de Colbert (chargé de la Marine en 1662 et secrétaire d'État à la Marine en 1669), aidé dans sa tâche par son fils Seignelay (il travaille au secrétariat de la Marine dès 1669 et est secrétaire d'État à la Marine de 1683 à 1690) et par des intendants de la marine dotés de pouvoirs conséquents. Entre 1661 et 1675, 133 vaisseaux de ligne et 30 galères sont construits dans les arsenaux. Pour y parvenir, la France a recours à des techniques et à des techniciens étrangers, ainsi qu'au développement de quatre arsenaux : Brest, Rochefort, Marseille et Toulon. La mission des arsenaux est la construction, l'entretien et l'armement des navires et galères. Le recrutement des marins est également une source de problèmes. Pour ne pas affaiblir le commerce maritime, Colbert a l'idée d'imposer aux gens de mer un service dans la marine de guerre tous les trois ou quatre ans contre certains avantages. Un quart de l'équipage est fourni par le secrétaire d'État de la Guerre. Le chef des armées navales est l'amiral désigné par le roi ; mais il accomplit un travail davantage administratif. Le commandement est assuré par des vice-amiraux. Avec cette marine, le dessein de Colbert est d'assurer la sécurité du royaume et des colonies, de protéger le commerce tout en favorisant son essor. Seignelay entreprendra des actions plus audacieuses que son père, mais qui seront de courte durée. Le roi se tourne ensuite vers la guerre de course au moyen de frégates et de corsaires.

Les armées françaises passent de 150 000 hommes en 1668 à 380 000 en 1693. À ces chiffres, il faut ajouter les milices, les hommes de mer, les garde-côtes. Au total, on estime à près de 600 000 le nombre d'hommes prêts à combattre, ce qui représente un adulte sur dix.

L'hégémonie européenne

Depuis 1659 et le traité des Pyrénées qui met fin à la guerre franco-espagnole, la France est en paix. Elle jouit d'une puissance prépondérante au sein de l'Europe, acquise par Louis XIII et les deux ministres principaux que sont Richelieu et Mazarin. Les traités de Westphalie lui permettent d'intervenir dans les affaires du Saint-Empire avec la Suède, la ligue du Rhin lui assurant de solides alliés allemands et le traité des Pyrénées marquant le déclin de la puissance espagnole sur le continent. À cette situation favorable s'ajoutent les désirs de guerre et de gloire de Louis XIV.

Entrevue de Louis XIV et de Philippe IV en 1659, à l'occasion du traité des Pyrénées.

Il faut attendre la mort de Philippe IV d'Espagne pour qu'une nouvelle guerre soit déclarée en Europe : la guerre de Dévolution (1667-1668). Louis XIV invoque plusieurs éléments à l'encontre de l'Espagne. D'une part, il ne reconnaît pas le testament du défunt roi d'Espagne qui cède sa couronne à son fils issu d'un second mariage, alors que le droit de dévolution préconiserait un enfant issu d'un premier mariage, à savoir sa femme Marie-Thérèse, également reine de France. Le second motif porte sur la dot considérable de cette dernière, qui n'a toujours pas été payée à Louis XIV. Les armées françaises envahissent dès lors le Sud des Pays-Bas espagnols sans rencontrer une grande opposition. C'est la naissance de la Triple Alliance formée par l'Angleterre qui voit d'un mauvais œil l'arrivée française dans les Pays-Bas, par les Provinces-Unies qui ne souhaitent pas avoir la France comme voisine et par la Suède alliée économiquement aux deux autres. Le traité d'Aix-la-Chapelle de 1668 permet à la France d'obtenir de nombreuses enclaves dans les Pays-Bas espagnols ainsi que les villes de Lille et de Tournai.

Le roi de France a l'initiative dans sa politique étrangère. Il décide d'en profiter pour affirmer sa puissance et affaiblir ses voisins. Louis XIV veut anéantir la Triple Alliance qui l'a humilié, et surtout rompre le lien qui unit les deux puissances maritimes. Pour ce faire, il s'allie avec l'Angleterre en lui promettant des possessions sur les côtes hollandaises et en lui fournissant des troupes et de l'argent. L'Angleterre mène alors une guerre maritime contre les Provinces-Unies. De son côté, la France se prépare à une guerre terrestre, en prenant soin de contourner les Pays-Bas espagnols. La guerre de Hollande est déclarée au printemps 1672. Le succès de l'armée française est total, contrairement à la marine anglaise, repoussée par la flotte néerlandaise. La guerre éclair prévue est contrecarrée par le sursaut d'orgueil du jeune stadhouder Guillaume d'Orange qui vient de s'emparer du pouvoir. Ce dernier ouvre les écluses empêchant l'armée française de prendre Amsterdam et forme ensuite une coalition avec le duc de Lorraine, le roi d'Espagne, l'empereur et quelques princes allemands contre Louis XIV. En 1674, l'Angleterre signe une paix séparée avec les Provinces-Unies. L'armée française est obligée de battre en retraite pour défendre ses frontières. Entre 1675 et 1678, elle connaît de nombreux succès sur la frontière avec les Pays-Bas espagnols, en Alsace et en Méditerranée. En 1678, fort de ses victoires et à cause d'une guerre dont les coûts ne cessent de grimper, Louis XIV, lors des traités de Nimègue, conclut une paix avec ses adversaires divisés et las de la guerre. La France récupère de nombreux territoires au détriment des Pays-Bas espagnols tels que la Franche-Comté, l'Artois, le Cambrésis, une partie de la Flandre, Valencienne, Maubeuge, mais restitue en revanche certains territoires à l'Espagne. Elle obtient également Fribourg-en-Brisgau, Nancy et Longwy et un droit de passage à travers la Lorraine. Mais elle doit néanmoins abroger sa politique des tarifs douaniers de 1667. La France a pu résister à une coalition européenne, à consolider ses frontières et à affirmer sa puissance, mais elle n'a pu se venger des Provinces-Unies.

La consolidation des frontières

Depuis la fin de la guerre de Dévolution, la France a conquis de nouveaux territoires dans le Nord. Ces possessions ont affaibli les défenses du royaume en traçant des frontières moins rectilignes. L'Espagne peut ravager, depuis les Pays-Bas, la Picardie, tandis que la France peut, elle, envahir sans trop de difficultés le centre des Pays-Bas. Vauban, un conseiller et ingénieur de Louvois, met en exergue plusieurs dangers de cette situation : les dépenses importantes liées à la défense et un risque de revers des territoires enclavés.

VAUBAN

Sébastien Le Prestre de Vauban (1633-1707) appartient à la petite noblesse du Morvan. Frondeur dans les années 1650, il passe ensuite au service de Mazarin et du roi en tant qu'ingénieur. Il participe aux travaux des sièges lors de la guerre franco-espagnole et se fait ensuite remarquer lors des premières offensives de la guerre de Dévolution.

Dès septembre 1668, il devient l'un des principaux collaborateurs de Louvois. Il a désormais la charge des fortifications de toutes les places et sa maîtrise de la poliorcétique (art d'assiéger une ville) le rend célèbre, notamment lors des sièges de Maastricht, Besançon et Valencienne durant la guerre de Hollande, même si son perfectionnisme comme son côté dispendieux et irréaliste irritent les généraux.

Vauban est en outre l'auteur de la politique du « pré carré », définie en 1673 : il s'agit de rationaliser les possessions septentrionales de la France afin de créer une frontière plus facilement défendable, une « ceinture de fer », qui se constituera au fur et à mesure des conflits et des fortifications. Ce plan permet également d'épargner de nombreuses garnisons et de connecter les places entre elles.

Ce n'est qu'en 1676 qu'il est nommé au poste de commissaire général des Fortifications, et il faut attendre la fin du siècle pour qu'il devienne maréchal et qu'il dirige un régiment. Peu après la mort de Louvois, il devient conseiller au sein du département des Fortifications de terre et de mer et entretient une correspondance directe avec le roi, qu'il conseille dans ses décisions militaires. Vauban n'hésitera notamment pas à lui faire part de ses reproches lors du traité de Ryswick, ou à propos de la situation précaire du peuple français.

Ses premières réalisations consolident les défenses de Lille, Tournai et Ath, villes où il crée des citadelles. Par la suite, Louis XIV adopte les idées de Vauban quant au « pré carré » et s'empare de plusieurs villes lors de la guerre de Hollande. Après la guerre, Vauban édifie dans le Nord deux lignes de défense situées à une trentaine de kilomètres l'une de l'autre. Elles sont chacune constituées de 13 places fortifiées. La première s'étend de Dunkerque à Maubeuge et la seconde de Gravelines à Cambrai.

La paix est de courte durée. Conseillé par Louvois et Charles Colbert de Croissy (secrétaire d'État aux Affaires étrangères et frère de Colbert, 1629-1696), Louis XIV entreprend de nombreuses annexions dans le Nord ; c'est ce que l'on appelle la politique des réunions (1678-1684). Il s'appuie sur le droit féodal pour revendiquer les terres qui, obtenues entre 1648 et 1679, le sont avec leur dépendance. Mais en septembre 1681, Louvois envahit Strasbourg, une ville d'empire et dont le droit ne peut justifier l'annexion. L'Espagne, inquiète de ces annexions, déclare la guerre à la France, tandis que l'empire, occupé à repousser les invasions otto-manes, se concentre vers l'Est. Mais l'Espagne ne peut lutter seule et se voit contrainte de signer le traité de Ratisbonne de 1684. L'hégémonie de la France de Louis XIV sur la scène européenne est alors à son sommet.

Vers l'équilibre européen

Après sa politique des réunions, Louis XIV continue de mul-tiplier les provocations.

- En janvier 1685, il bombarde Gênes, qui s'est rendue

coupable d'un prêt de galères à l'Espagne.

- Quelques mois plus tard, il revendique le Palatinat, au nom de sa belle-sœur, la duchesse d'Orléans, qui est également la sœur du défunt prince allemand.
- À l'automne de la même année, il révoque l'édit de Nantes, fâchant les protestants à travers toute l'Europe.

Tout ceci conduit l'empereur à créer la ligue d'Augsbourg en 1686, autour de laquelle se rassemblent de nombreux princes allemands, l'Espagne, la Suède et, après 1689, l'Angleterre et les Provinces-Unies. Leur mission est de faire respecter les traités de Nimègue et de Ratisbonne.

Une dispute entre Louis XIV et l'empereur Léopold Ier (1640-1705) au sujet de la désignation du nouvel archevêque de Cologne est à la base de l'intervention de la ligue d'Augsbourg. Mécontente de la décision du pape, la France envahit Avignon, la principauté de Liège et ensuite le Palatinat, déclenchant par cette dernière invasion la guerre de la Ligue d'Augsbourg (1688-1697). Les combats se déroulent un peu partout en Europe : Louvois ravage le Palatinat, provoquant indignation dans tout le Saint-Empire ; les armées françaises connaissent de nombreux succès dans les Pays-Bas espagnols ; une partie du duché de Savoie est occupé, tout comme la Catalogne. Louis XIV soutient également son cousin Jacques II (1633-1701) chassé du trône d'Angleterre par sa fille et son gendre, Guillaume d'Orange, lors de la Glorieuse Révolution (1688-1689). Le roi déchu débarque en Irlande et s'empare de Dublin, mais faute d'hommes et de trésorerie, sa tentative de récupérer son trône est un échec ; il regagne alors la France. En 1692, une nouvelle tentative échoue. La flotte française est défaite par celle de l'Angleterre et des Provinces-Unies.

Suite à ces événements, qui confirment la suprématie des Anglais sur les mers, Louis XIV change de tactique et adopte la guerre de course à partir de Dunkerque et de Saint-Malo. La France ne remporte cependant aucune victoire décisive lors des combats dans les Pays-Bas espagnols ou dans le Saint-Empire, et c'est l'épuisement financier des différents belligérants qui conduit à la signature du traité de Ryswick en 1697. Louis XIV s'y montre extrêmement modeste dans ses revendications. Il renonce à toutes les réunions à l'exception de Strasbourg, rend tous les territoires occupés durant la guerre, abandonne ses prétentions sur le Palatinat, reconnaît l'archevêque de Cologne désigné par le pape et Guillaume d'Orange comme roi d'Angleterre, abandonnant par là Jacques II et les Stuart dans leur revendication du trône d'Angleterre, et se retire du duché de Lorraine – mais garde Sarrelouis. Alors que ses armées n'ont pas été défaites, la modestie de Louis XIV s'explique par le fait que la santé de Charles II d'Espagne est très préoccupante, ouvrant ainsi la succession d'Espagne.

La santé du souverain espagnol monopolise en effet l'attention de toute l'Europe. Son décès semble imminent, avec pour conséquence probable de replonger l'Europe dans un nouveau conflit international. Léopold Ier et Louis XIV ont des droits fort similaires sur la Couronne d'Espagne, puisque tous deux sont fils ou époux d'une infante d'Espagne. La seule différence réside dans le fait que la mère et l'épouse du roi de France ont dû renoncer à leur droit de succession.

Depuis 1668, divers arrangements ont lieu entre les deux protagonistes. Louis XIV obtient d'abord de l'empereur le partage des possessions espagnoles entre les deux nations, mais, quelques années plus tard, Léopold Ier revendique l'ensemble de l'héritage pour son fils, Charles (1685-1740). Au lendemain de la guerre de la Ligue d'Augsbourg, l'idée que soit l'Autriche, soit la France hérite de l'ensemble des territoires espagnols semble intolérable aux différentes nations d'Europe. Louis XIV se lance alors dans une série de négociations avec l'Angleterre et les Provinces-Unies pour maintenir l'équilibre européen et partager les territoires espagnols entre les différents prétendants. Ces deux États sont particulièrement attentifs au destin réservé aux colonies américaines et aux Pays-Bas espagnols. Dans son testament, Charles II refuse le démantèlement de son royaume et le cède entièrement au duc d'Anjou ou au duc de Berry en cas de refus du premier, et uniquement si ceux-ci renoncent à la Couronne française. Dans l'éventualité où les deux petits-fils de Louis XIV refusent l'héritage, celui-ci reviendra à Charles de Habsbourg. Le testament est dévoilé le 9 novembre 1700 et accepté par Louis XIV le 16. Philippe V, duc d'Anjou, accède ainsi au trône d'Espagne.

L'histoire aurait pu s'arrêter là, mais au début du XVIIIe siècle, Louis XIV commet plusieurs maladresses. Il fait d'abord enregistrer au parlement de Paris un acte qui confirme les droits de succession de Philippe V à la couronne française. Il envoie des troupes dans les Pays-Bas espagnols et en reçoit ensuite le gouvernement. Dès cette période, les marchands français reçoivent des privilèges dans le commerce avec les colonies espagnoles. Moins d'un an après la mort de

Charles II, l'Angleterre et les Provinces-Unies passent du côté de l'Autriche et s'unissent lors de la création de la Grande Alliance de La Haye (1701). Cette coalition rassemble l'Autriche, l'Angleterre, les Provinces-Unies et bientôt le Danemark et de nombreux États du Saint-Empire. La guerre est déclarée en mars 1702. Les armées franco-espagnoles connaissent de nombreux revers face à la coalition. Les armées autrichiennes envahissent le Milanais, les Pays-Bas, le Sud de l'Espagne et la Catalogne, où Charles de Habsbourg se fait couronner roi d'Espagne sous le nom de Charles III ; il entre à Madrid en 1706. Cette situation s'aggrave encore avec le rude hiver de 1709, qui plonge la population française dans la plus grande misère. Louis XIV tente de négocier une paix par l'intermédiaire de son ministre Colbert de Torcy. Les exigences des coalisés sont exorbitantes et inacceptables aux yeux du Roi-Soleil ; l'une d'entre elles impose ainsi aux armées françaises de se retourner contre celles de l'Espagne – et donc du petit-fils de Louis XIV – pour mettre Charles sur le trône.

La situation se calme enfin à la mort de l'empereur Joseph Ier en 1711. Charles est alors couronné empereur sous le nom de Charles VI. Aucune puissance européenne ne peut accepter qu'il soit également l'héritier du trône d'Espagne et donc à la tête d'un empire similaire à celui de Charles Quint. L'Angleterre entame donc des négociations de paix avec la France en octobre 1711 ; les victoires françaises à Landau et Fribourg (1713) permettent de rétablir la paix grâce aux traités de 1713 et 1714. Même si la victoire de la Grande Alliance semble incontestable, elle n'est pas totale. Un Bourbon se trouve toujours à la tête de l'Espagne, même s'il a renoncé à ses prétentions à la succession française. Cependant, le royaume dont il a hérité initialement se trouve amputé de nombreux territoires : les Pays-Bas, le royaume de Naples, la Sardaigne, la Toscane et le Milanais reviennent à Charles VI. Gibraltar et Minorque appartiennent désormais à l'Angleterre. La France est ramenée à ses frontières de 1697. Les acquisitions territoriales issues des guerres précédentes sont confirmées, mais elle doit céder à l'Angleterre de nombreux territoires sur le continent américain (la baie d'Hudson, l'Acadie, Terre-Neuve et l'île Saint-Christophe) pour ne pas subir de perte en Europe. Il existe désormais un équilibre entre les grandes nations européennes que sont la France, l'Angleterre et l'Autriche.

LE RAYONNEMENT DU ROI-SOLEIL SUR LES ARTS

Une stature impressionnante

En 1661, Louis XIV surprend tous les grands du royaume ainsi que la noblesse. Ils apprennent à le craindre et à le redouter. Il est adepte des décisions brutales et inattendues. Il condamne sans état d'âme ceux qu'il juge dangereux. Cette majesté, qui lui vaut le surnom de Louis le Grand, se manifeste également dans sa représentation. Son allure impressionne, que ce soit sa démarche ou en tant qu'excellent danseur et cavalier. Très rapidement, Louis XIV se rend maître de sa communication et propagande en se mettant en scène. Déjà en 1653, au lendemain de la Fronde, le roi, âgé de 15 ans, se met en scène devant toute la Cour lors du ballet royal de la Nuit. Au cours de ce spectacle où il revêt un costume de toile d'or et un masque représentant le soleil, il montre que le roi est le seul maître du royaume. Cet excellent danseur incarne des personnages antiques, allégories de son pouvoir, lors des nombreux ballets dans lesquels il joue. En 1662, Louis XIV choisit définitivement comme emblème le Soleil, un astre lumineux et éternel qui magnifie son pouvoir et sa grandeur. C'est autour de cet astre que la Terre entreprend sa révolution tout en étant touchée par son rayonnement. Il se trouve ainsi au-dessus de tous. Sa devise latine, *nec pluribus impar*, est tout aussi éloquente puisqu'elle exprime le fait qu'il se considère comme le plus grand monarque du monde.

Les académies et artistes au service du roi

En 1663, Colbert fonde la « petite académie » dont la mission est de « travailler à la gloire du roi », autrement dit un organe de propagande visant à magnifier le règne du souverain en France et à travers l'Europe. Elle regroupe des historiens et érudits qui mettent en valeur le règne de Louis XIV avec des devises, des inscriptions, des allégories, des médailles. Tous les supports sont utilisés pour construire l'image du monarque. En retour, l'État encourage et sert de mécène au monde artistique. On assiste à une forme d'étatisation de la culture et des principales formes de production. L'Académie de peinture et de sculpture est réorganisée en 1663. Sa mission est de former les futurs artistes, et elle promulgue une série de règles à respecter en matière de composition picturale. L'Académie des sciences est créée en 1666, en s'inspirant de la Royal Society anglaise. Elle accueille de nombreux pensionnaires et élèves. Les résultats scientifiques et les découvertes sont diffusés via le *Journal des Savants*. En 1671 est créée l'Académie d'architecture, qui forme et promeut le métier d'architecte et définit les canons de beauté. On compte également l'Académie de danse et celle de musique, respectivement fondées en 1662 et en 1669.

Louis XIV s'entoure des plus grands artistes de son temps, à la fois des Français et des étrangers, qu'il fait venir en France contre de considérables pensions. Ceux-ci participent au développement des différentes académies. Le goût du roi favorise certains artistes et leur production crée des modes qui se diffusent au sein de la Cour, sont copiées dans les provinces et gagnent ensuite les pays voisins. Parmi eux, on retrouve les peintres Van der Meulen (1632-1690) et Charles Le Brun (1619-1690), le compositeur Lully, les hommes de lettres Corneille (1606-1684), Racine, La Fontaine (1621-1695), Boileau (1636-1711) et Molière, les sculpteurs Girardon (1628-1715) et Puget (1620-1694), les scientifiques avec Cassini (1625-1712) et Huygens (1629-1695). Tous mettent leur art au service de la magnificence de Louis XIV.

Le château de Versailles

En 1682, Louis XIV fait du château de Versailles sa résidence permanente au détriment du château du Louvre situé à Paris. Il devient aussi celle de la Cour, de sa famille et de ses ministres. Le roi y séjournait déjà de manière temporaire depuis plusieurs années et il y a organisé de fastueuses célébrations, comme les Plaisirs de l'île enchantée en 1664, où Lully et Molière sont à la composition. Ce palais et ses jardins deviennent le symbole de la monarchie française et un outil politique où la prépondérance de la France en Europe ne cesse d'être mise en valeur. Versailles concentre également en un lieu toutes les formes d'art, qu'elles soient créatives ou démonstratives ; tout ce qui se fait de mieux est présent à Versailles.

Versailles n'est, au début du règne personnel de Louis XIV, qu'un pavillon de chasse construit par son père. Il est situé au sud de Paris et du château de Saint-Germain-en-Laye. C'est la pratique de la chasse, passe-temps préféré des rois, qui l'amène à s'intéresser à ce lieu. Les transformations interviennent dès le début des années 1660.

Parmi les principaux chefs d'orchestre de la transformation du modeste pavillon de chasse en château royal, on retrouve l'architecte Louis Le Vau (1612-1670), le jardinier André Le Nôtre (1613-1700) et le peintre Charles Le Brun. Ces trois artistes sont au service de la monarchie et se sont déjà illustrés lors de la création du château de Vaux-le-Vicomte de Fouquet. Les premiers travaux se portent sur la transformation des marécages en somptueux jardins où sont aménagés des parterres, des allées fleuries et de nombreuses fontaines allégoriques. On y trace des perspectives, notamment en creusant un large canal, et plusieurs constructions viennent s'ajouter au décor : une ménagerie qui hébergera des oiseaux et des animaux exotiques, une orangerie, ainsi que la grotte de Téthys.

Pour ce qui est de la construction du château, les premiers bâtiments s'articulent autour du pavillon de chasse, donnant naissance à deux cours intérieures. Dès 1668, les travaux s'accélèrent. Les bâtiments déjà construits sont rattachés au château, désormais enveloppé de pierres blanches. Celui-ci est percé de fenêtres, embelli de pilastres, d'attiques, et de balustrades. L'ensemble est coiffé d'un toit plat à l'italienne. Les appartements du roi et de la reine sont situés au premier étage et séparés par une terrasse centrale donnant vue sur les jardins.

À la mort de Le Vau, l'essentiel des transformations a été réalisé ; les travaux ultérieurs sont confiés à François D'Orbay (1631 ou 1634-1697) et ensuite à Jules Hardouin-Mansart (1646-1708). Ce dernier transforme, à partir de 1678, la terrasse en une somptueuse salle d'apparat, la galerie des Glaces. Les tableaux de Le Brun situés au plafond illustrent les grands moments du règne de Louis XIV et les miroirs qui ornent les murs démontrent la réussite des manufactures françaises qui ont percé les secrets de confection vénitiens. Il crée ensuite deux ailes au sud et au nord du château pour y accueillir toute la noblesse qui vient s'y fixer dès 1682. Les dernières réalisations au temps de Louis XIV sont les écuries, la chapelle et la décoration des toitures.

La construction du château de Versailles mobilise une main d'œuvre colossale ainsi que des moyens financiers qui ne cesseront d'effrayer Colbert, surintendant des Bâtiments et contrôleur général des Finances.

RÉPERCUSSIONS

UN ABSOLUTISME DE COURTE DURÉE

Le décès de Louis XIV accompagne la fin du Grand Siècle. Durant cette période de l'histoire de France, qui démarre en 1589 avec le règne d'Henri IV et qui s'achève en 1715 à la mort du Roi-Soleil, la France revient au premier plan de la scène européenne et devient la principale puissance après la guerre de Trente Ans. Le pays est également marqué par l'affirmation de l'absolutisme, dont l'apogée est atteint sous le règne de Louis XIV.

À la mort de ce dernier, la situation prend une tournure bien différente. Son arrière-petit-fils, Louis XV, hérite de la couronne à l'âge de 5 ans. D'après le testament du défunt roi, la régence doit être assurée par un conseil de régence dirigé par Philippe d'Orléans, neveu de Louis XIV, et au sein duquel les deux bâtards légitimés du Roi-Soleil, le duc de Maine (1670-1736) et le comte de Toulouse (1678-1737), siégeront et occuperont des postes importants, puisque l'un d'eux serait chargé de l'éducation du jeune roi. Mais Philippe d'Orléans refuse un tel affront et, avec l'aide du parlement de Paris, il fait casser le testament de Louis XIV. À la suite de tractations avec les parlementaires, ceux-ci lui confèrent l'intégralité de la régence, tandis qu'ils récupèrent leur droit de remontrance, qui avait été vidé de sa substance sous le règne de Louis XIV.

En découle un grand chambardement politique durant la régence, qui amoindrit les pouvoirs de la monarchie absolue. Le mode de gouvernement est modifié et signe le retour de l'aristocratie. Le nombre de conseillers est en pleine augmentation : le gouvernement est composé, en plus de celui de la régence, de sept conseils dans chacun desquels siègent dix membres. Cette situation ne dure cependant pas très longtemps et, dès 1718, le régime ministériel est rétabli.

Plus tard, en 1723, lorsque débute le règne personnel de Louis XV, ce dernier montre un intérêt limité pour le métier de roi. Le gouvernement n'est plus dirigé par le monarque, mais par un prince de sang, le duc de Bourbon (1692-1740), et ensuite, de 1726 à sa mort, par le cardinal de Fleury (1653-1743). Ce dernier possède toutes les fonctions d'un ministre principal sans en avoir le titre.

Durant son règne, Louis XV fait face à une agitation des parlements qui refusent l'enregistrement de certaines de ses lois concernant des modifications fiscales ; pire encore, il doit revenir sur certaines dispositions pour qu'elles soient enregistrées. Les réformes entreprises au sein du gouvernement par Louis XIV et la soumission du parlement à ses volontés ont bel et bien perdu de leur ampleur...

Par ailleurs, peu après la mort du Roi-Soleil, qui avait combattu les hérésies avec tant d'ardeur, le jansénisme réapparaît, et ce dans les sphères les plus hautes du gouvernement puisqu'un cardinal de cette obédience est nommé à la direction du conseil de Conscience lors de la régence.

Dès les années 1720, les querelles entre catholiques et jansénistes reprennent, et il faut une nouvelle intervention du pape pour que la situation se calme, seulement à partir de

1757. Cette nouvelle querelle philosophique nuit également grandement à l'autorité royale.

DES RELATIONS FRANCO-ESPAGNOLES TOUJOURS TENDUES

Si, à la fin de sa vie, Louis XIV peut se targuer d'avoir réussi à lier la France et l'Espagne en installant sur le trône de cette dernière nation son petit-fils Philippe V, réduisant par là la vulnérabilité de ses frontières, les tensions avec l'Espagne réapparaissent rapidement après sa disparition. Déjà, sous la régence, Philippe d'Orléans se rapproche de l'Angleterre au détriment de l'Espagne. Puis le ministre principal, le duc de Bourbon, développe une politique antiespagnole, avec comme point d'orgue l'annulation des fiançailles entre Louis XV et la fille de Philippe V, précipitant ensuite l'abandon des fiançailles des fils de ce dernier avec des princesses françaises. Mais ces tensions sont dissipées quelques années plus tard par plusieurs accords d'alliances lors de guerres de succession de Pologne (1733-1738) et d'Autriche (1740-1748).

UNE SITUATION ÉCONOMIQUE PRÉCAIRE

Le point noir du règne de Louis XIV est la situation socio-économique et les pressions fiscales qui pèsent sur le tiers état. Même si le retour à l'équilibre budgétaire est au rendez-vous grâce aux actions de Colbert au début de son règne, les finances plongent dès que commence la guerre de Hollande. Durant le règne personnel du Roi-Soleil, qui s'étend sur 55 années, 37 seront consacrées à la guerre. Cette propension à la guerre, tout comme Versailles et ses nombreuses constructions, ne cesseront d'appauvrir l'État. Les contrôleurs généraux auront systématiquement recours aux expédients, aux emprunts, à l'augmentation et à la création d'impôts qui étouffent la population française et occasionnent une gigantesque dette publique. À cette misère s'ajoute un marasme économique dont la France n'a pu se sortir malgré les tentatives du colbertisme. Des famines et des épidémies sévissent également et ne font qu'aggraver le mécontentement de la population.

Un peuple qui souffre

Le printemps 1693 est exécrable et les conditions météorologiques font présager de très mauvaises récoltes. Ces prévisions se confirment et les céréales commencent à manquer, tout comme les semences nécessaires aux élevages. Cette situation entraîne une flambée des prix, qui peuvent être multipliés par trois en région parisienne. Malgré certaines mesures prises par le gouvernement, la situation devient intenable, surtout quand des saisies ont lieu au profit de l'armée ou que les céréales sont transportées vers la capitale au détriment des régions alentour. À ces conditions difficiles s'ajoutent encore de grandes épidémies qui déciment certaines régions.

Cette situation intenable se répète en 1709, à nouveau en raison du mauvais temps, qui engendre une forte augmentation du prix du pain et provoque de nombreuses révoltes, notamment à Paris.

Cette situation économique désastreuse laissée par Louis XIV sera l'un des grands enjeux de son successeur. La régence tente d'abord d'utiliser les mécanismes bancaires pour redresser la situation, mais, malgré des débuts prometteurs, l'expérience tourne à la catastrophe. Il faut attendre l'arrivée de Philibert Orry (1689-1747) en 1730 comme contrôleur général pour que la France connaisse une meilleure santé financière et économique.

EN RÉSUMÉ

- Louis XIV naît le 5 septembre 1638 à Saint-Germain-en-Laye. Il est le premier enfant du roi Louis XIII ; sa naissance est considérée comme un véritable don de Dieu.
- Le 14 mai 1643, le jeune Louis, qui n'a alors que 4 ans, devient roi de France à la mort de son père. Une période de régence s'installe alors jusqu'à sa majorité. Elle est dirigée par sa mère, Anne d'Autriche, qui nomme le cardinal Mazarin comme ministre principal.
- L'enfance de Louis XIV est marquée par une guerre civile, la Fronde (1648-1653), qui remet en question les pouvoirs de la monarchie. D'abord parlementaire, puis menée par les princes, et enfin par Condé, cette insurrection lui laissera des souvenirs impérissables et l'encouragera à réformer sa politique.
- La régence s'achève lorsque le roi atteint sa majorité ; il laisse cependant Mazarin gouverner, jusqu'à son décès. Cette période est marquée par la guerre franco-espagnole, qui s'achève en 1659.
- Au lendemain de la mort de Mazarin, en 1661, commence le règne personnel de Louis XIV. Sa première décision est de gouverner seul : l'ultime décision lui revient. Cette étape annonce le début du renforcement de la politique absolutiste du roi. La réduction à l'obéissance de tous ses sujets et de toutes les institutions sont les premières décisions du roi.
- La puissance française atteint ses sommets sur la scène européenne au début des années 1680 à la suite des guerres de Dévolution, de Hollande et de la politique des

réunions. Cette puissance inquiète de nombreux princes européens qui s'allient contre la France au sein de la ligue d'Augsbourg.

- Le château de Versailles est le point d'orgue du règne de Louis XIV en matière artistique. On y retrouve tout ce qui se fait de plus beau en France et toutes les formes artistiques y sont mobilisées, tant au niveau décoratif que de la performance. Versailles est aussi un instrument politique au moyen duquel le monarque peut surveiller sa Cour et montrer à toute l'Europe la grandeur de son royaume.

- La révocation de l'édit de Nantes par la promulgation de l'édit de Fontainebleau en 1685 est l'aboutissement d'une longue politique amoindrissant les privilèges accordés aux huguenots dans l'exercice de leur culte réformé. Le protestantisme est désormais interdit en France, décision qui provoque l'exil de milliers de huguenots.

- La guerre de la Ligue d'Augsbourg et la guerre de Succession d'Espagne rétablissent un équilibre des forces européennes entre la France, l'Autriche et l'Angleterre. La France a perdu lors de ces deux conflits la prépondérance qu'elle avait acquise quelques décennies auparavant, même si elle a gagné un allié précieux en l'Espagne, désormais dirigée par le petit-fils de Louis XIV.

- Il meurt le 1er septembre 1715 à Versailles et laisse le trône à son arrière-petit-fils, âgé seulement de 5 ans. Une nouvelle régence débute, assurée par son neveu Philippe d'Orléans.

Votre avis nous intéresse !
Laissez un commentaire sur le site de votre librairie en ligne
et partagez vos coups de cœur sur les réseaux sociaux !

POUR ALLER PLUS LOIN

SOURCES BIBLIOGRAPHIQUES

- BASSINET (Jean-François), *La France de Louis XIV. Le temps des absolus, 1643-1715*, Paris, Les Belles Lettres, coll. « Guides Belles Lettres des Civilisations », 2013.
- BÉLY (Lucien) dir., *Dictionnaire Louis XIV*, Paris, Éditions Robert Laffont, 2015.
- BÉLY (Lucien), *La France au XVIIIe siècle. Puissance de l'État, contrôle de la société*, Paris, PUF, 2009.
- BLANQUIE (Christophe) & CORNETTE (Joël), *Les institutions de la France des Bourbons, 1589-1789*, Paris, Belin sup., 2003.
- CORNETTE (Joël), *La mort de Louis XIV. Apogée et crépuscule de la royauté (1er septembre 1715)*, Paris, Gallimard, coll. « Les journées qui ont fait la France », 2015.
- GADY (Alexandre), *Versailles. La fabrique d'un chef-d'œuvre*, Paris, Le Passage, 2014.
- LAVISSE (Ernest), *Louis XIV. Histoire d'un grand règne, 1643-1715*, Paris, Robert Laffont, 1989.
- LYNN (John A.), *Les guerres de Louis XIV*, Paris, Éditions Perrin, coll. « Tempus », 2014.
- PETITFILS (Jean-Christian), *Louis XIV*, Paris, Éditions Perrin, 2014.

FILMS ET DOCUMENTAIRES

- *La mort de Louis XIV*, documentaire de Sylvie Faiveley, France, 2015.

ICONOGRAPHIE

- Anne d'Autriche vers 1647. La photo reproduite est réputée libre de droits.
- Louis XIV à 10 ans, en 1648. La photo reproduite est réputée libre de droits.
- Mariage de Louis XIV avec Marie-Thérèse d'Autriche. La photo reproduite est réputée libre de droits.
- Le surintendant général des Finances Nicolas Fouquet. La photo reproduite est réputée libre de droits.
- Siège de la ville de Tournai durant la guerre de Dévolution, en 1667. La photo reproduite est réputée libre de droits.
- Portrait du cardinal Mazarin par le peintre Pierre Mignard. La photo reproduite est réputée libre de droits.
- Portrait de Jean-Baptiste Colbert par le peintre Claude Lefèbvre, 1666. La photo reproduite est réputée libre de droits.
- Entrevue de Louis XIV et de Philippe IV en 1659, à l'occasion du traité des Pyrénées. La photo reproduite est réputée libre de droits.

Éditeur responsable : Lemaitre Publishing
Avenue de la Couronne 382 | BE-1050 Bruxelles
info@lemaitre-editions.com

ISBN ebook : 978-2-8062-7185-3
ISBN papier : 978-2-8062-7186-0
Dépôt légal : D/2017/12603/146
Photo de couverture : © Portrait de Louis XIV par le peintre Hyacinthe Rigaud. La photo reproduite est réputée libre de droits.

Conception numérique : Primento,
le partenaire numérique des éditeurs.